Doppel-Klick 5

Differenzierende Ausgabe

Das Arbeitsheft Plus

Erarbeitet von
Grit Adam, Ulrich Deters,
Dirk Hergesell, August-Bernhard Jacobs,
Barbara Kroll, Elinor Matt, Werner Roose,
Rainer Schremb, Britta Wurst

Unter Beratung von
Andrea Brambach-Becker und Andrea Hüttig

Cornelsen

Inhaltsverzeichnis

Grammatik

Der Kompetenztest

Z Hier findest du zusätzliche Aufgaben zum Weiterarbeiten

Der Textknacker

Der Sachtext informiert darüber, wie wilde Tiere zu Haustieren wurden. Mit dem Textknacker knackst du den Text.

1

1 Du siehst den Text zum ersten Mal. Schreibe in Stichworten auf, was dir die Bilder über den Inhalt verraten.

____

____

____

Textknacker Schritt 1: **Bilder erzählen** dir **viel**, schon bevor du mit dem Lesen anfängst.

Die Geschichte der Haustiere

2 **a.** Lies die Überschrift.
b. Worum geht es vermutlich in dem Text? Schreibe Stichworte auf.

____

____

Textknacker Schritt 2: Die **Überschrift** verrät dir etwas über das **Thema des Textes**.

3 Lies zuerst den ganzen Text.

Textknacker Schritt 3: Einen **Gesamteindruck** vom Inhalt des Textes bekommst du, wenn du ihn einmal **als Ganzes liest**.

Noch **vor ungefähr 10 000 Jahren lebten** die Menschen in **Höhlen**, einfachen Hütten oder Zelten und waren als **Jäger und Sammler** ständig auf der Suche nach Nahrung unterwegs. Sie aßen **Wurzeln und Beeren** und das **Fleisch** von Tieren. Sie lebten und **jagten in Horden*** mit ihren **einfachen Waffen** aus Holz, Knochen und Stein.

* Gruppen von Menschen

Wölfe jagen in **Rudeln*** – also ähnlich wie die Menschen damals gejagt haben. Die Wölfe kamen vermutlich in die Nähe der Menschen, weil sie deren Abfälle, zum Beispiel Knochen, fressen konnten. Die Menschen stellten fest, dass sie mit einem Wolf zusammen gut jagen können. Möglicherweise haben sie auch **Wolfsjunge** aufgezogen. Für diese jungen Wölfe war ihre Menschenhorde so wichtig wie für wilde Wölfe ihr Rudel. Und deshalb beschützten sie die Menschen. Durch den **Kontakt** mit dem Menschen hat sich vor über 10 000 Jahren aus dem Wolf der **Hund entwickelt**. Die sehr unterschiedlichen **Hunderassen***, die wir heute kennen, sind aber erst später entstanden.

* das Rudel – eine Gruppe von Raubtieren einer Art

2

* verschiedene Hunde, die sich im Aussehen deutlich unterscheiden

Erst vor ungefähr 10 000 Jahren begannen die Menschen, **Getreide und andere Feldfrüchte anzubauen**, und wurden **sesshaft**, das heißt, dass sie an einem Ort wohnen blieben. Sie zähmten und züchteten weitere Tiere wie **Ziegen, Schafe und Kühe**. Diese **Nutztiere** lieferten auch **Milch**, aus der man dann **Butter** oder **Käse** herstellen konnte. Aus dem nachwachsenden **Fell** von Schafen und Ziegen wurde **warme Kleidung** hergestellt. Aus dem **Leder** der Tierfelle wurden auch andere Dinge, wie zum Beispiel Eimer, angefertigt. Auch das **Schwein** wurde **domestiziert**. Es lieferte **Fleisch** und das besonders wichtige Fett. Dadurch mussten die Menschen nicht mehr so oft auf die gefährliche Jagd gehen. Dort, wo es keinen guten Boden für Nutzpflanzen gab, zogen sie als **Nomaden** durch das Land.

☐ Der Mensch hat viele Tiere domestiziert. Aber kein anderes Haustier ist dem Menschen so nah gekommen wie der Hund. Er ist das einzige Haustier, das schon von Geburt an Zeichen des Menschen versteht. So kann der Mensch Hunde sehr gut für bestimmte Aufgaben ausbilden. Es gibt **Hirtenhunde**, **Wachhunde**, **Polizeihunde**, **Suchhunde** und **Blindenhunde**. Für viele Menschen ist der Hund deshalb mehr als ein Haustier – er ist ein Freund.

4 In dem Text gibt es vier Absätze.
Nummeriere die Absätze von 1 bis 4.

Textknacker Schritt 4:
Absätze gliedern den Text. Was in einem Absatz zusammensteht, gehört inhaltlich zusammen.
Manchmal stehen auch **Zwischenüberschriften** über den Absätzen.

5 Schreibe zu jedem Absatz eine passende Überschrift auf die Linien.
- Du kannst dir selbst Überschriften ausdenken.
- Du kannst auch aus den folgenden Überschriften auswählen.

> – Haustiere des sesshaften Menschen
> – Jäger und Sammler
> – Die Entwicklung vom Wolf zum Hund
> – Ein Freund des Menschen

1 ____________________

2 ____________________

3 ____________________

4 ____________________

6 Wovon handeln die einzelnen Absätze des Textes?
Schreibe zu jedem Absatz Stichworte in dein Heft.
- Du kannst die hervorgehobenen Wörter verwenden.
- Du kannst auch noch andere Schlüsselwörter verwenden.

Starthilfe

> **Die Geschichte des Haustiers – meine Schlüsselwörter**
> 1. Absatz – Sammler und Jäger: vor 10 000 Jahren, Höhlen, aßen ...
> ...

Textknacker Schritt 5:
Manche Wörter sind zum Verstehen **besonders wichtig**, sie sind **Schlüsselwörter**.
Oft sind sie unterstrichen, fett gedruckt oder farbig – so wie in diesem Arbeitsheft.

In Sachtexten gibt es oft für dich unbekannte Wörter. Einige Wörter kannst du dir aus dem Textzusammenhang selbst erklären.

7 Erkläre das Wort **Nutztier** mit deinen eigenen Worten.
Tipp: Gib dabei auch Beispiele an.

Ein Nutztier ist ein Tier, das ______________________

____

____

____

____

Bei einigen Wörtern kannst du Hilfsmittel nutzen.

Textknacker Schritt 6:
Manche **Wörter** werden **erklärt**: Schau am **Rand** oder **unter dem Text** nach.

8 Welche Wörter werden am Rand erklärt?
Schreibe die Wörter und die Erklärungen auf.

Die Horde: eine Gruppe von ______________________

____

____

____

____

Textknacker Schritt 7:
Manchmal gibt es weitere **Bilder am Rand** des Textes oder im Text. Sie helfen dir, den Text zu verstehen.

9 Welche Informationen werden durch Bilder am Rand verdeutlicht?
Schreibe Stichworte neben die Nummern der Bilder.

1 ______________________

2 ______________________

3 ______________________

4 ______________________

10 **a.** Schlage im Lexikon die Wörter **Nomaden** und **domestizieren** nach.
b. Schreibe die Sätze mit diesen zwei Wörtern in dein Heft.
c. Markiere die beiden Wörter.
d. Schreibe jeweils darunter, was der Satz bedeutet.
Umschreibe dabei diese Wörter mit eigenen Worten.

Textknacker Schritt 8:
Suche Wörter, die du nicht verstanden hast, im **Lexikon** – aber erst zum Schluss.

Starthilfe
Auch das Schwein wurde domestiziert.
Das bedeutet, dass der Mensch wilde …
…

domestizieren:
wilde Tiere zähmen, also zu Nutztieren machen

Nomaden:
Menschengruppen, die mit ihren Tierherden auf der Suche nach Nahrung herumwandern. Sie leben oft in Zelten.

11 Beantworte die folgenden Fragen zum Text in ganzen Sätzen.

a) Als was waren die Menschen vor ungefähr 10 000 Jahren unterwegs?

Die Menschen waren als ________________________ unterwegs.

b) Woraus bestand die Nahrung der Menschen, bevor sie Nutzpflanzen oder Nutztiere hatten?

Die Nahrung ____.

c) Welche Wörter verwendet man für „Gruppen“. Ergänze.

Menschen lebten und jagten in ________________ – Wölfe leben und jagen in ________________.

d) Was konnten die Menschen gut mit dem Wolf zusammen tun?

Die Menschen konnten mit dem Wolf gut zusammen ________________.

e) Was taten junge Wölfe für Menschen, die sie aufgezogen hatten?

____

f) Wie werden Menschengruppen genannt, die herumziehen, Nutztiere züchten und halten, aber keine Landwirtschaft betreiben?

Diese Menschengruppen nennt man ________________.

g) Was haben die Menschen angebaut, als sie sesshaft wurden?

____

h) Mit welchem Fachwort bezeichnet man den Übergang vom Wildtier zum Nutztier?

Der Mensch hat viele Tiere, wie zum Beispiel das Schwein, ________________.

Bearbeite die folgenden Aufgaben in deinem Heft.

12 Was hat sich im Leben der Menschen vor ungefähr 10 000 Jahren verändert, als sie begannen, Nutztiere zu halten?
Beschreibe die wichtigsten Veränderungen in einem kurzen Text.

Starthilfe

Nutztiere verändern das Leben der Menschen.
Bis vor ungefähr 10 000 Jahren waren die Menschen ...

Z **13** Wie ist der Mensch „auf den Hund gekommen“?
Schreibe einen Text über die Beziehung von Mensch und Hund.
- Erkläre, aus welchem Tier sich der Hund entwickelt hat.
- Beschreibe dabei, wie es vermutlich zu dem Kontakt gekommen ist.
- Beschreibe, welche Vorteile beide Seiten von dem Kontakt hatten.
- Nenne Beispiele für Aufgaben, die Hunde heute übernehmen.
- Denke dir eine Überschrift für deinen Text aus.

Tipp: Gestalte deinen Text mit Bildern.

Z Weiterführendes: Den Textknacker erproben

1 Lies den Text mithilfe des Textknackers.

Das Pferd als Nutztier

Das Pferd gehört zur Familie der **Unpaarhufer*** und ist ein **Herdentier**, das bei Gefahr schnell **flüchtet**. Die **Kraft** und die **Schnelligkeit** des Pferdes haben die Menschen schon immer sehr beeindruckt. Pferde sind schon in den Höhlenmalereien aus der Steinzeit zu sehen. Anfangs wurden die Pferde nur gejagt, weil die Menschen das Fleisch aßen und das Fell und das Leder gut gebrauchen konnten.

* eine Ordnung der Säugetiere, die eine ungerade Anzahl von Zehen besitzt. Zu den Unpaarhufern gehören zum Beispiel Pferde, Esel, Zebras, Nashörner und Tapire.

Das Jagen war für Menschen schwierig, weil sie langsamer laufen als die meisten Tiere. Die Idee, Pferde zu reiten, löste dieses Problem. Vor ungefähr 4000 Jahren gelang es den Menschen, Wildpferde zu zähmen. Das Pferd hat sich als das beste und schnellste Reittier erwiesen. Es braucht allerdings im Vergleich zum Kamel sehr viel Futter und regelmäßig frisches Wasser. Das Pferd lässt sich auch besser dressieren als ein Esel. Das Reiten auf Pferden war auch ein großer Vorteil bei Streitigkeiten mit anderen Horden von Menschen. Und mit Pferdewagen und Kutschen konnte man später Waren und Menschen schnell transportieren.

Ein weiterer Vorteil des Pferdes ist seine große Kraft. Große Pferderassen, so genannte Kaltblüter, sind sehr stark. Sie heißen Kaltblut, weil sie ein ruhiges Temperament haben. Ein solches Pferd kann eine Kraft von bis zu 20 PS aufbringen. Allerdings hat es lange gedauert, bis der Mensch Geschirre* erfunden hat, mit denen sie die Kraft der Pferde wirklich voll ausnutzen konnten. Mit dem alten Geschirr, dem Joch, wurde Pferden bei schwerer Arbeit die Luft abgedrückt. Erst mit dem Kummet haben die Pferde andere Arbeitstiere wie Ochsen weit gehend verdrängt. Später wurden dann die Pferde von den Maschinen abgelöst. Heute arbeiten wieder mehr Kaltblutpferde in der Forstwirtschaft, weil sie den Waldboden weniger zerstören als die Maschinen. Solche Holzrückpferde ziehen zum Beispiel ganze Baumstämme aus dem Wald.

* Geschirre, wie z. B. Joch und Kummets, sind Vorrichtungen, mit denen Arbeitstiere Fahrzeuge, Ackergeräte oder Lasten ziehen können.

Heute ist das Pferd hauptsächlich ein Sport- und Freizeittier. Dafür werden vor allem Warmblüter eingesetzt, die leichter und schneller sind als die Kaltblüter. Es gibt über 100 Pferderassen, die in Größe und Aussehen ganz unterschiedlich sind. Vollblüter sind besonders schnell und werden deshalb als Rennpferde gezüchtet. Sie heißen „Vollblüter“, weil sie temperamentvoll und sensibel sind. Solche Pferde sind sehr schwer zu reiten, denn sie können bereits durch kleine Störungen so aufgeregt werden, dass sie wild um sich treten, „steigen“ oder „ausbrechen“. Das Pony ist ein Kleinpferd, das am Widerrist höchstens 148 cm groß ist. Ponys sind für Kinder und Anfänger geeignete Reitpferde.

2 **a.** Lies die Überschrift und überfliege den Text.
b. Worum geht es vermutlich in dem Text? Schreibe Stichworte auf.

____

____

3 **a.** Finde die Absätze im Text und nummeriere sie am linken Rand.
b. Finde passende Überschriften für die Absätze und schreibe sie auf.

1. Absatz ________________________________

2. Absatz ________________________________

3. Absatz ________________________________

4. Absatz ________________________________

Bearbeite die folgenden Aufgaben in deinem Heft.

4 **a.** Markiere Schlüsselwörter im Text.
Im ersten Absatz sind einige bereits hervorgehoben.
b. Übertrage deine Überschriften aus Aufgabe 3 ins Heft und ergänze passende Schlüsselwörter aus dem Text.
c. Überprüfe deine Notizen: Geben die Überschriften und Stichworte den Inhalt jedes Absatzes gut wieder? Ergänze fehlende Stichworte.

Starthilfe
1. Das Pferd in der Steinzeit
Unpaarhufer, Herdentier, flüchtet, Kraft, Schnelligkeit, Menschen beeindruckt, Höhlenmalereien …

5 **a.** Welche Wörter aus dem Text sind neu für dich?
Schreibe alle neuen Wörter auf.
b. Für welche Wörter findest du Erklärungen am Rand?
Schreibe die Wörter und die Erklärungen auf.
Gib bei dem Wort „Geschirre“ zwei Beispiele an.
c. Gibt es weitere Wörter im Text, die du nicht verstehst?
Schlage sie im Lexikon nach und schreibe dir die Erklärungen auf.

6 Beantworte folgende Fragen in ganzen Sätzen.
a) Welche Eigenschaften des Pferdes beeindruckten die Menschen?
b) Was hat der Mensch mit den Wildpferden gemacht?
c) Wie halfen Pferde dem Menschen mit ihrer Kraft?
d) Wo und wie wird das Pferd auch heute als Arbeitstier eingesetzt?
e) Wofür wird das Pferd heute vor allem genutzt?
f) Welche Pferde sind für Kinder besonders geeignet?
g) An welcher Stelle des Pferdes wird seine Höhe gemessen?

7 Wie stellst du es dir vor, wenn Pferde „wild um sich treten, ‚**steigen**‘ oder ‚**ausbrechen**‘.“ (Zeile 38–39)?
Welche Bewegungen macht das Pferd? Was kann dabei mit dem Reiter passieren? Beschreibe deine Vorstellung in eigenen Worten.
Tipp: Du kannst deine Vorstellung auch zeichnen oder malen.

8 Schreibe eine Zusammenfassung des Textes.
Deine Ergebnisse zu den Aufgaben helfen dir.

Das kann ich! – Texte lesen und verstehen

Wenn du den folgenden Text genau liest, kannst du die Fragen auf der nächsten Seite richtig beantworten.

1. Bilder	2. Überschrift	3. Gesamteindruck	4. Absätze
5. Schlüsselwörter	6. Worterklärungen	7. Bilder am Rand	8. Nachschlagen

1 Lies den Text Schritt für Schritt mit dem Textknacker.

Das Trampeltier, das Dromedar und andere Kamele

1 In Deutschland schimpft man gelegentlich: „Du Kamel – du Trampeltier!“ Es gibt viele Gegenden der Welt, in denen die Wörter für **Kamele** oder **Trampeltiere** niemals beleidigend verwendet werden. Im Gegenteil: Dort haben die Menschen großen Respekt vor diesen nützlichen Tieren. Kamele sind **Säugetiere** und gehören zur **Ordnung** der **Paarhufer**. Zur Familie der Kamele gehören das **Dromedar** und das **Trampeltier** in Afrika und Asien sowie die **Lamas** in Südamerika.

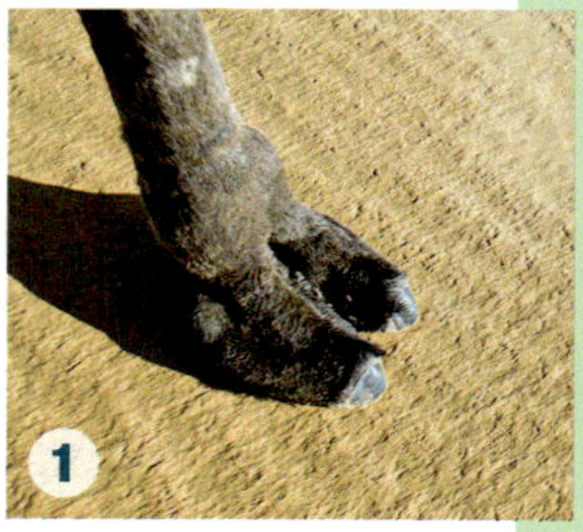

2 Das Trampeltier lässt sich vom Dromedar durch die Zahl der Höcker* unterscheiden. Das Dromedar hat nur einen Höcker und lebt in Afrika und Südwestasien. Das Trampeltier hat zwei Höcker und kommt vor allem in Zentralasien vor. Beide Arten sind an das Leben in der Wüste besonders gut angepasst, ihre breiten Füße tragen sie sicher durch den Sand und sie können sehr viel Wasser in ihrem Körper speichern. Früher dachte man, dass ihre Höcker Wasserspeicher wären, aber diese bestehen vor allem aus Fett. Wilde Trampeltiere sind heute vom Aussterben bedroht. Wilde Dromedare gibt es seit ungefähr 2 000 Jahren nicht mehr.

* der Höcker – ein rundlicher Buckel auf dem Rücken

3 Dromedare und Trampeltiere wurden vor ungefähr 5 000 Jahren domestiziert. Als Lasttiere* und Reittiere sind sie besonders nützlich. Sie können am Tag 170 bis 270 Kilogramm über eine Strecke von fast 50 Kilometern tragen. Beide Tiere sind wichtige Lieferanten von Fleisch, Fett und Milch. Auch die Wolle und das Fell werden für Kleidung und Decken verwendet. In Saudi-Arabien sind Kamelrennen ein Nationalsport. Oft wurden die 64 km/h schnellen Tiere bei den Rennen von Kindern geritten, weil sie leichter sind. Der Einsatz von Kindern ist inzwischen verboten und so werden heute häufiger Roboter benutzt.

* das Lasttier – ein Tier, das für den Menschen schwere Dinge trägt

4 Die Lamas in Südamerika wurden vor 4 000–5 000 Jahren domestiziert. Lamas dienen als Lasttiere und haben durch ihre schmalen Füße sicheren Halt in den Bergen. Außerdem geben sie eine sehr gute Wolle. Lamas können sehr treffsicher spucken. Meist spucken sie aber ihre Artgenossen* an und nicht die Menschen.

* der Artgenosse – ein Tier der gleichen Art, also für ein Lama ein anderes Lama

2 Wie lautet der folgende Satz richtig? Kreuze an.
Bei dem Text handelt es sich um ...

- [ ] A ... ein Märchen, in dem Kamele eine wichtige Rolle spielen.
- [ ] B ... einen Sachtext über Trampeltiere, Dromedare und Lamas.
- [ ] C ... einen Bericht über ein Renndromedar.

/1 Punkt

3 Welche Überschrift passt zu welchem Absatz?
Schreibe die Nummer des richtigen Absatzes vor die Überschrift.

____ Dromedare und Trampeltiere ____ Kamele – nützliche Paarhufer

____ Lamas ____ Lasttiere und Reittiere

/4 Punkte

4 Was zeigen die Bilder? Ergänze die richtigen Nummern.

____ ein Dromedar / ____ ein Lama / ____ den Huf eines Paarhufers / ____ ein Trampeltier

/4 Punkte

5 Welches Fachwort beschreibt, dass wilde Tiere zu Haustieren werden?
Tipp: Das Wort kommt in zwei Absätzen des Textes vor.

____

/1 Punkt

6 Welches Wort kann man so erklären?
Setze das richtige Wort aus dem Text ein.

____________________ sind Maschinen, die nach Programmen Aufgaben erledigen.

/1 Punkt

7 Sind die folgenden Sätze richtig oder falsch? Kreuze an.
Tipp: Manchmal ist der Satz nur wegen eines Wortes falsch.

	richtig	falsch
a) Kamele wurden vor ungefähr 5 000 Jahren zu Haustieren.	☐	☐
b) Alle Kamele können einen, zwei oder keinen Höcker haben.	☐	☐
c) Der Höcker ist der Wasserspeicher einiger Kamele.	☐	☐
d) Die Wolle der Kamele wird viel verarbeitet.	☐	☐
e) Heute werden bei Kamelrennen Roboter als Reiter eingesetzt.	☐	☐
f) Lamas sind keine Paarhufer und gehören nicht zu den Kamelen.	☐	☐
g) Lamas können einander sehr zielgenau anspucken.	☐	☐

/7 Punkte

8 Stelle die Einordnung der Kamele in die Tierwelt anschaulich dar.
Setze dazu die Wörter vom Rand richtig ein.
Tipp: Lies noch einmal den zweiten Teil des ersten Absatzes.

Säugetiere
|
Ordnung: ____________________
|
Familie: ____________________
|
Arten: ____________ ____________ ____________

Lama
Paarhufer
Kamele
Dromedar
Trampeltier

/5 Punkte

Gesamtpunktzahl: /23 Punkte

Beschreiben

Ein Haustier beschreiben

Große Aufregung: Lisa bekommt einen Hund, und zwar einen neun Wochen alten **Beagle**! Wie sieht er aus?

1 Lisa beschreibt den neuen Hund in einer E-Mail an ihre beste Freundin. Ergänze passende Wörter und Wortgruppen.

> Hallo, Tula,
>
> endlich habe ich ein Haustier! Mein neuer ____________ ist erst ____________ ______________alt und ist ein ______________. Es ist eine Hündin und ich habe sie Sally ______________. Sie ist noch sehr ____________. Mit ihren ____________ ____________ guckt sie mich ganz ______________ an. Ihr ___________ ist weich und ______________ und hat die ______________ Weiß, ____________ und ____________. Auf der hellen ______________ hat sie eine ______________ Nase. Ihre ______________ haben eine halbrunde Form und ______________ herunter. Sie wedelt mit ihrer Rute, die an der Spitze ____________ gefärbt ist. Ich mag besonders, wie sie auf ihren tapsigen, kurzen ______________ läuft. Sie braucht natürlich viel Auslauf. Wann kommst du vorbei, um mit uns auf der Wiese zu toben?
>
> Viele liebe Grüße, Lisa

Tiere kannst du anhand von Merkmalen beschreiben.

2 Welche der folgenden Merkmale kannst du auf dem Foto erkennen? Markiere die Merkmale.

Name   Alter   Art (Hund)   Rasse (Beagle)   Größe   Aussehen
Futter   Haltung   besondere Kennzeichen

Bearbeite die folgende Aufgabe in deinem Heft.

Z **3** Hast du ein Haustier oder ein Lieblingstier? Beschreibe es möglichst genau.
- Verwende die Merkmale aus Aufgabe 2.
- Du kannst ein Tierbuch als Hilfe benutzen.

Tipp: Besonders schön wird deine Beschreibung mit einer Zeichnung oder einem Foto.

Mit **Merkmalen** kannst du einen Steckbrief verfassen.

4 **a.** Ergänze fehlende Merkmale in dem folgenden Steckbrief. Trage dazu Merkmale vom Rand an passenden Stellen ein.
b. Fülle den Steckbrief mit den Angaben zu Sally von Seite 12 aus.

➤ Einen Steckbrief schreiben, siehe: Wissenswertes auf einen Blick

Name: ______________ Art: Haushund

______________: ______________

Alter: ______________ ______________: weltweit zu Hause.

______________: rohes Fleisch (ca. 60 %), Gemüse, Obst, Öl und etwas Getreide. Es muss streng eingeteilt werden, weil Beagle besonders verfressen sind und schnell fett werden.

______________: Erfahrung, Strenge, Geduld und viel Auslauf sind nötig. Das Tier muss an der Leine gehen, weil es ein Jagdhund ist. Es ist kaum zurückzurufen, wenn es einer Spur folgt.

Merkmale:
Heimat
Haltung
Rasse
besondere Kennzeichen
Größe
~~Art~~
Futter

Aussehen

______________ und Gewicht: ausgewachsen 33 bis 40 cm hoch und 10 bis 18 kg schwer

Fell: ______________

Beine und Pfoten: ______________

Rute (Schwanz): ______________

Augen: ______________

Ohren: ______________

______________: ______________

Manche Merkmale bedeuten bei Wildtieren etwas anderes als bei Haustieren. Einige wenige Merkmale gibt es nicht bei beiden.

5 Welche Bedeutung der folgenden Merkmale gilt für Wildtiere und welche für Haustiere? Kreuze an.

		Wildtiere	Haustiere
Name	bedeutet den Namen der Tierart.	☐	☐
	bedeutet den Rufnamen des Tiers.	☐	☐
Alter	bedeutet, wie alt das Tier jetzt ist.	☐	☐
	bedeutet, wie alt das Tier werden kann.	☐	☐

Merkmale:
Name, Alter, Art, Heimat, Größe, Aussehen, Nahrung, Lebensraum, Feinde, Fortpflanzung, Brutzeit oder Tragzeit

Bearbeite die folgenden Aufgaben in deinem Heft.

6 Mit welchen Merkmalen kannst du Wildtiere beschreiben? Lege in deinem Heft einen leeren Steckbrief für Wildtiere an. Verwende passende Merkmale aus Aufgabe 5 und vom Rand.

Starthilfe
Steckbrief für Wildtiere
Name: ______________
Art: ______________
...

Z **7** Fülle den Steckbrief für ein Wildtier deiner Wahl aus. Verwende dazu Tierbücher.

Tula beantwortet noch am gleichen Tag die E-Mail von Lisa.

Hi, Lisa,

das klingt toll! Ich kann mir Sally schon richtig gut vorstellen. Schick mir bitte ein Foto! Aber ich komme bestimmt auch bald vorbei und schaue mir Sally selbst an. Ich habe auch eine Neuigkeit: Unsere Meerschweinchenzucht gelingt sehr gut! Bei den letzten Würfen gab es viele Junge. Einige haben wir schon abgegeben. Die drei auf den Fotos sind noch übrig. Vielleicht weißt du jemanden, der sie haben möchte. Die kleinen Meerschweinchen sind jetzt acht bis zwölf Wochen alt und haben noch keine Namen.

Bis bald, Tula

PS: Die Fotos sind in der Anlage!

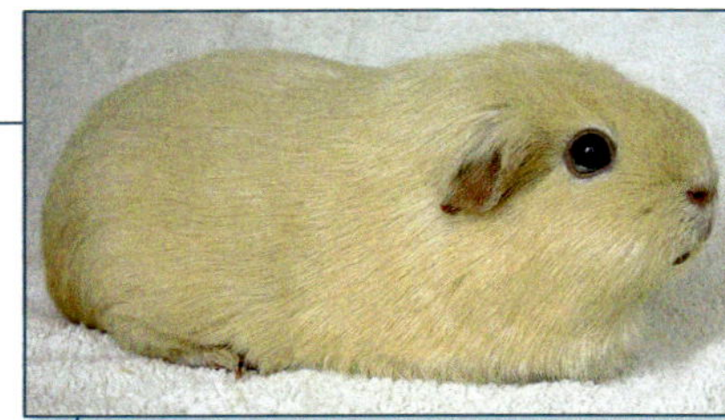
ein Glatthaar-Meerschweinchen

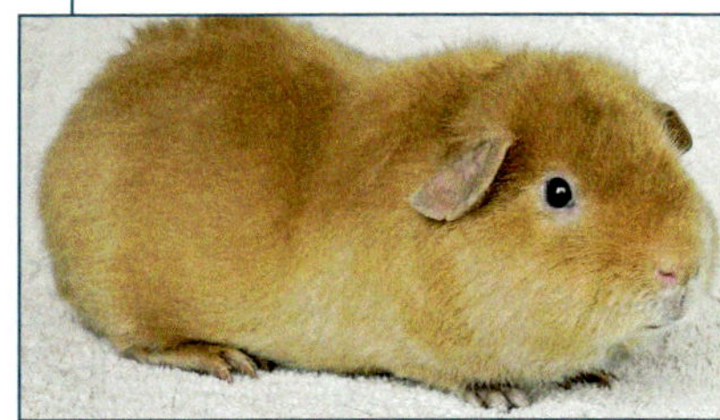
ein Rex-Meerschweinchen

ein Peruaner-Meerschweinchen

8 **a.** Von welchem Tier erzählt Tula?
Lege einen Steckbrief wie in Aufgabe 5 auf Seite 13 an.
b. Welches Meerschweinchen gefällt dir am besten?
Ergänze seine Merkmale in deinem Steckbrief.

Starthilfe

Steckbrief für ein Haustier
Name: ____________________
...

9 Beschreibe dein Lieblingsmeerschweinchen in einem Brief an einen Freund oder eine Freundin.

Z Weiterführendes:
Mit gesteigerten Adjektiven vergleichen

Mit gesteigerten Adjektiven kannst du Tiere vergleichen.

10 Vergleiche die Meerschweinchen mit Adjektiven und Steigerungen.

hell
lang

Die Fellfarbe vom Rex ist __________ und nicht dunkel.

Die Fellfarbe vom Glatthaar ist sogar noch ______________.

Die Fellfarbe vom Peruaner ist ______ ______________.

Das Fell des Rex ist nicht __________, sondern eher kurz.

Das Fell des Glatthaar-Meerschweinchens ist etwas ____________.

Das Fell der Rasse Peruaner ist ______ ______________.

11 Steigere die folgenden Adjektive.
Schreibe sie in eine Tabelle in dein Heft.

groß, klein, alt, jung, kurz, lang, hell, dunkel

Starthilfe

Steigerungen von Adjektiven

Grundform	Komparativ	Superlativ
groß	größer	am größten
...	...	...

Das kann ich! – Tiere beschreiben

Punkte

Die folgende Tierbeschreibung kannst du verbessern!

Tierbeschreibung zu dem Hund ◯
auf dem Foto
Das Tier ist groß, ganz schön alt ◯
und ist ein Hund ◯. Er kann schnell
laufen ◯. Er sieht beinah weiß aus
und hat ein schönes Fell ◯. Mit
seinen ◯ Augen sieht er mich an und
seine ◯ Ohren hat er hochgestellt.
Die Pfoten sind schwarz. ◯
Besonders ist ein weißer Fleck auf
der Rute. Das kann man auf dem Foto
nicht sehen.

1. Ohrenform
2. Augenfarbe
3. Name
4. ca. 1 Jahr alt
5. Rasse: Schäferhund
6. Fell und Fellfarbe
7. Beine
8. Pfotenfarbe

1 Überarbeite die Tierbeschreibung.

a. Unterstreiche im Text Informationen, die du verwenden möchtest. Streiche falsche Informationen durch.

b. An welchen Stellen kannst du die Informationen vom Foto ergänzen? Schreibe die Nummern in die passenden Kreise. /8 Punkte

c. Schreibe deine Überarbeitung der Tierbeschreibung in dein Heft. /8 Punkte
- Achte darauf, dass du das Tier genau beschreibst.
- Überprüfe zum Schluss die Rechtschreibung.

2 Welche Merkmale gibt es bei Haustieren und welche bei Wildtieren? Kreuze an. /6 Punkte
Tipp: Nur zwei Merkmale darfst du zweimal ankreuzen.

	Haustier	Wildtier		Haustier	Wildtier
Art	☐	☐	Futter	☐	☐
Rasse	☐	☐	Lebensraum	☐	☐
Größe	☐	☐	Haltung	☐	☐

3 Welche weiteren Merkmale gibt es in Tierbeschreibungen? Schreibe vier Merkmale auf, die nicht in Aufgabe 2 vorkommen. /4 Punkte

__________________ __________________

__________________ __________________

Z **4** Steigere die folgenden Adjektive. /4 Punkte

stark, ____________, am ____________

schwach, ____________, ____ ____________

schnell, ____________, ____ ____________

langsam, ____________, ____ ____________

Gesamtpunktzahl: /30 Punkte

Zu Bildern erzählen

Mit den Handlungsbausteinen zu Bildern erzählen

Jeden Sonntag freut sich der Junge sehr auf den Besuch beim Opa. Er steht sonntags immer als Erster auf. Heute müsste er eigentlich warten, bis die Eltern aufstehen und mit ihm zu Opa fahren, aber ...

➤ Nach einem Erzählplan erzählen, **siehe: Umschlagklappe hinten**

1 Worum geht es in der Bildergeschichte?
Fasse den Inhalt in ein bis zwei Sätzen zusammen.

In der Bildergeschichte geht es um einen Jungen, der ___

___

___

➤ Eine Geschichte verstehen, siehe: **Wissenswertes auf einen Blick, Umschlag vorn**

Du kannst auf den Bildern alle Handlungsbausteine der Geschichte finden.

2 Was erfährst du über den Jungen und die Situation auf Bild A?
Notiere Stichworte.

Hauptperson und Situation

Hauptperson: ___

___

Situation: ___

___

3 Welchen Wunsch hat der Junge? Schreibe einen Satz auf.

Wunsch

___

4 Welches Hindernis tritt für den Jungen auf?
Beschreibe das Hindernis in ganzen Sätzen.

Hindernis

___

___

___

5 Wie reagiert der Junge auf das Hindernis?
Wie reagieren die anderen Personen?
Notiere die Reaktionen in Stichworten in der Tabelle.

Reaktion

Person	**der Junge**	**die Mutter**	___
Reaktion	*wird müde,* ___ ___ ___	___ ___ ___	___ ___ ___

6 Wie endet die Geschichte? Notiere Stichworte.

Ende

___

___

___

Mit den Handlungsbausteinen kannst du zu den Bildern eine Geschichte schreiben. Du musst zuerst die Reihenfolge der Bausteine festlegen.

7 In welcher Reihenfolge möchtest du die Handlungsbausteine in deiner Geschichte verwenden? Plane deine Geschichte. Schreibe die Handlungsbausteine vom Rand auf. Jede Reihenfolge ist richtig!
Tipp: Zum Ausprobieren kannst du die Bilder auf Seite 16 mit Bleistift nummerieren. Zum Baustein „Reaktion" gibt es dort zwei Bilder.

1. ______________________ Bild: ________ (und Bild ________)
2. ______________________ Bild: ________ (und Bild ________)
3. ______________________ Bild: ________ (und Bild ________)
4. ______________________ Bild: ________ (und Bild ________)
5. ______________________ Bild: ________ (und Bild ________)

Hauptperson und Situation

Wunsch

Hindernis

Reaktion

Ende

8 Wer sind die Personen – wo sind die Orte in deiner Geschichte?
a. Beschreibe die Personen in einer Tabelle.
Denke dir auch Namen für den Jungen und den Hund aus.
b. Beschreibe die Orte in einer zweiten Tabelle.

Starthilfe

Junge	Hund	alte Frau	...
Der Junge ist 6 Jahre alt und ... Sein Name ist ...			

Starthilfe

das Haus	die Hauptstraße	...
ein Mehrfamilienhaus		

Mit diesem Plan kannst du nun deine Geschichte schreiben.
Schreibe in dein Heft.
Beachte die Übungen zu dem Erzähltipp auf Seite 19.

9 Schreibe eine Einleitung für deine Geschichte.
Verwende Informationen, die für die ersten Bausteine wichtig sind, zum Beispiel den Wunsch oder die Beschreibung der Hauptperson.

Starthilfe

> „Bestimmt bin ich schneller bei Opa, wenn ich mit dem Hund schon mal zu Fuß losgehe", dachte der Junge und freute sich schon auf das Spielen in Opas Garten. Der Junge ...

10 Schreibe nun die ganze Geschichte.
- Halte dich an deine Reihenfolge der Erzählbausteine.
- Schreibe im Präteritum.
- Denke an die Überschrift.

Erzähltipp: Erzähle anschaulich, lebendig und abwechslungsreich. Verwende dazu treffende Adjektive, verschiedene Satzanfänge und wörtliche Rede.

11 Ergänze passende Adjektive. Schreibe in dein Heft.

jung, alt, aufgeregt …

Zehn Minuten nach dem Anruf klingelte ein ___ Polizist bei der Mutter des Jungen. Die ___ Mutter lief gleich herunter an die Haustür. Sofort erschienen im Treppenhaus ___ Nachbarn und Kinder. Die Kinder schauten den Polizisten mit ___ Augen an. Der ___ Polizist stellte ___ Fragen. Die Nachbarn halfen der ___ Mutter bei den Antworten. Sie kannten den ___ Jungen ja schließlich auch.

12 Welches Wort wird im folgenden Text oft wiederholt? Markiere es. Ersetze das Wort durch abwechslungsreiche Verben im Präteritum. Schreibe dafür den Text in dein Heft.

sich wenden, abbiegen …

Der Junge ging durch die Innenstadt. Er ging an einem Blumenladen vorbei. Sein Hund ging neben ihm. An der Ampel ging er rechts. Dann ging er links und rechts und geradeaus. Nun ging er durch eine Straße mit Gärten und schönen Häusern. Er ging nicht mehr so schnell, weil er müde wurde. Und er wusste nicht mehr, wo er war. Plötzlich ging er aus der Stadt heraus.

13 Ersetze im folgenden Text die Satzanfänge. Schreibe in dein Heft.

zuerst, später …

Dann suchte der Polizist nach ihm. Dann fragte er eine alte Frau. Dann antwortete die Frau. Dann fuhr er weiter. Dann fragte er einen Mann im Garten. Dann zeigte der Mann zum Ortsausgang.

14 **a.** Erfinde ein Gespräch zwischen dem Polizisten und dem Jungen. Du kannst die wörtliche Rede aus den Sprechblasen und die Redebegleitsätze vom Rand verwenden.

Redebegleitsätze:
Der Junge antwortete: „…“
Der Polizist wollte wissen: „…?“
„…“, erklärte der Junge.
Der Polizist fragte lachend: „…?“
„…“, staunte der Junge.
„…“, meinte der Polizist.

Ich bin nicht weggelaufen, sondern nur vorgelaufen zu Opa.

Ja, und das ist mein Hund ___ .

Wusstest du, dass es bis zu deinem Opa zehn Kilometer sind?

Warum bist du denn alleine von zu Hause weggelaufen?

Komm! Ich fahre dich nach Hause.

Nein, das wusste ich nicht.

Bist du der ___ ?

b. Formuliere das Gespräch im Heft. Denke an die Satzzeichen.

Starthilfe

Der Polizist weckte den Jungen vorsichtig. Als der Junge zu sich gekommen war, fragte er ihn: „…?“

Z Weiterführendes:
Zu einem Bild erzählen

Manche Geschichten erlebst du nicht selbst. Du kannst sie dir aber wunderbar ausdenken. Zum Beispiel zu diesem Bild.

1 Was siehst du auf dem Bild?
Notiere deine Beobachtungen in ganzen Sätzen.

____

____

____

____

2 Was sieht der Junge? Was würde er sehen, wenn er sich umschaute?
Beschreibe die Umgebung des Jungen in ganzen Sätzen.
Die Fragen am Rand können dir helfen.

> Sind andere Menschen in der Nähe?
> Wohin führt die Treppe?

____

____

____

____

3 Wer ist der Junge? Wie alt ist er? Hat er Geschwister, Freunde ...?
Beschreibe den Jungen in ganzen Sätzen. Verwende dabei Adjektive.

____

____

____

____

4 Welchen Wunsch hat der Junge? Notiere einen Wunsch, der etwas mit der Situation auf dem Bild zu tun hat.

○ ______

______

______

5 Welches Hindernis könnte es in der Situation für den Jungen geben? Beschreibe das Hindernis.

○ ______

______

______

______

______

6 Wie reagiert der Junge auf das Hindernis? Beschreibe seine Reaktion. Verwende abwechslungsreiche Verben.

○ ______

______

______

______

______

______

7 Wie geht die Geschichte des Jungen auf dem Bild aus? Denke dir ein Ende für die Geschichte aus.

○ ______

______

______

______

______

8 In welcher Reihenfolge willst du die Geschichte erzählen? Mache dir einen Erzählplan. Trage passende Handlungsbausteine neben den Aufgaben 3 bis 7 ein. Nummeriere die Handlungsbausteine in deiner Reihenfolge.

Ende	Hauptperson und Situation	Wunsch
Reaktion		Hindernis

9 Schreibe die Geschichte zu dem Bild vollständig in dein Heft.
- Schreibe im Präteritum.
- Beachte den Erzähltipp auf Seite 19.
- Denke an eine passende Überschrift.

Das kann ich! – Zu Bildern erzählen

Wenn man immer Erster sein will …

Hauptperson und Situation | Wunsch | Hindernis | Reaktion | Ende

1 a. Sieh dir die Bildergeschichte genau an.
b. Welcher „Handlungsbaustein“ gehört zu welchem Bild? Schreibe die Bausteine vom Rand zu den Bildern.
Tipp: Die Bilder A und B gehören zu einem Baustein.

/5 Punkte

2 Paul hat sich einen Plan und Notizen gemacht.
Seine Notizen sind durcheinandergeraten.
Nummeriere die Notizen in der Reihenfolge seines Erzählplans.

/5 Punkte

Pauls Erzählplan:
1. Hauptperson und Situation
2. Wunsch
3. Hindernis
4. Reaktion
5. Ende

☐ – Kurze Zeit später hörte man einen Schrei und sah Wasser spritzen, wo eben noch Julian lief __________. Er hatte wohl vergessen, dass zwischen Wiese und Bolzplatz ein breiter Graben war.

☐ – Julian war zehn Jahre alt und hatte zum Geburtstag einen neuen Fußball, ein Trikot und eine Hose bekommen. Deshalb lief __________ er nun mit seinen Freunden zum Bolzplatz hinter der großen Wiese.

☐ – Die anderen Kinder liefen __________ dann __________ zu der Stelle. Dann __________ lachten sie. Aber dann __________ halfen sie dem Jungen heraus.

☐ – Auf dem Weg rief Julian dann __________: „Ich bin als Erster am Tor!“ Und dann lief __________ er los. Die anderen liefen __________ hinterher.

☐ – Kurz danach sieht __________ man den fünf Kindern beim Fußballspielen nicht an, dass gerade etwas Aufregendes passiert war. Man wunderte sich vielleicht nur, warum der Junge im Tor barfuß in einem Mädchen-T-Shirt spielt __________.

3 Paul hat oft das gleiche Verb verwendet.
Streiche das Verb viermal durch und ersetze es mit Präteritumformen der Verben vom Rand.

rennen, gehen, sein, sprinten

/4 Punkte

4 Paul hat häufig das Wort dann verwendet.
Streiche das Wort und ersetze es durch verschiedene Zeitangaben.

/4 Punkte

5 In einem Abschnitt hat Paul zweimal das Präsens verwendet.
Schreibe die passenden Präteritumformen auf die Linie.

/2 Punkte

6 a. Schreibe die Geschichte mit allen Verbesserungen in dein Heft.
Halte dich dabei an Pauls Erzählplan.
b. Ergänze eine eigene passende Überschrift.

/3 Punkte

/2 Punkte

Gesamtpunktzahl: /30 Punkte

Ein Gruselerlebnis erzählen

Nach einer Klassenfahrt gibt es oft viel zu erzählen.

Es passierte auf einer Klassenfahrt im Herbst in einer Jugendherberge im Wald. Die 5 a und die 5 b bewohnten jeweils einen Turm der Burg. Die 5 a machte eine Nachtwanderung. Und die 5 b? Die 5 b wusste davon und wollte die 5 a auf der Nachtwanderung richtig erschrecken. Die Lehrerin der 5 b wusste Bescheid und hatte es auch dem Lehrer der 5 a gesagt. Aber die Klasse 5 a ahnte nichts. Rein gar nichts.

Was passiert nachts im Wald? Erzähle aus der Sicht der Klasse 5 a. Plane deine Gruselgeschichte zuerst mithilfe der Handlungsbausteine.

➤ Nach einem Erzählplan erzählen, **siehe: Umschlagklappe hinten**

1 Aus wessen Sicht kannst du die Geschichte schreiben, damit es ein gruseliges Erlebnis wird? Kreuze passende Möglichkeiten an.

☐ Schülerinnen der 5 a ☐ Die ganze Klasse 5 a ☐ Der Lehrer der 5 a

☐ Schüler der 5 a ☐ Die Klasse 5 b ☐ Die Lehrerin der 5 b

2 Gib mindestens drei Hauptpersonen Namen. Notiere ihre Eigenschaften.

Sheila – ängstlich, ihre Freundin Josy –

______

______

Hauptperson und Situation

3 In welcher Situation soll deine Erzählung beginnen? Beschreibe die Situation in Stichworten.

______

______

Abendbrot vor der Nachtwanderung, …

4 Welche Wünsche haben die Hauptpersonen für die Nachtwanderung? Notiere für mindestens drei Hauptpersonen Wünsche.

Josy will Sheila beschützen,

______

______

Wunsch

Mut zeigen, …

Bearbeite die folgenden Aufgaben in deinem Heft.

5 Welche gruselige Überraschung gibt es für die Klasse 5 a im Wald? Es darf niemand dabei verletzt werden. Beschreibe die Überraschung.

Starthilfe

Wir hörten Geräusche eines Kampfes und eine dunkle Stimme wiederholte immer …

Hindernis

kein Weg, Tierstimmen, Geräusche, Schatten, …

6 Wie reagiert die Klasse 5 a auf das Gruselerlebnis?
Beschreibe die Reaktionen von mindestens fünf Personen.

Starthilfe

Sheila schrie, Josy umarmte Sheila, aber dann traute sich Sheila ...

Reaktion

schreien, weglaufen, erstarren, ...

7 Wie endet das Gruselerlebnis? Erzähle.

Starthilfe

Als Tim endlich verstanden hatte, was Sheila zu ihm herüberflüsterte, ging er in die Offensive. ...

Ende

8 Schreibe mit Hilfe deines Erzählplans eine Gruselgeschichte.
Schreibe im **Präteritum** und denke an die Überschrift.
Nutze alle Möglichkeiten, deinen Text spannender zu machen:
- Verwende abwechslungsreiche Verben, zum Beispiel:
  zittern, glimmen, keuchen, ...
- Verwende passende Adjektive, zum Beispiel:
  grünlich, faulig, glibberig, ...
- Verwende Redewendungen, zum Beispiel:
  Ihm standen die Haare zu Berge.
- Verwende wörtliche Rede, zum Beispiel:
  „Psst!“, machte Sheila, „habt ihr das gehört?“
- Verwende verschiedene Satzanfänge:
  In dem Moment, ...

Mit dem folgenden Text kannst du üben, eine Gruselgeschichte besonders gruselig zu erzählen.

➤ Spannend erzählen, siehe: Umschlagklappe hinten

Ricardo ging vorsichtig voraus. Anna blieb dicht bei ihm. Es war sehr dunkel in dem nicht frisch riechenden Flur. Ein kleines Tier kam an Annas Gesicht vorbei. Sie wurde weiß im Gesicht und hörte kurz auf zu atmen. Durch einen Luftstoß wackelte das Licht von Ricardos Lampe. Beim nächsten Luftstoß ging das Licht aus. Anna hielt sich nervös an Ricardo fest. Am Ende des Flurs hörten sie jetzt ein Geräusch, das lauter wurde, und sie merkten, dass ein Monster auf sie zukam. In dem Moment, als Anna die bunten Augen des Monsters direkt vor sich sah und seinen geräuschvollen Atem in ihrem weißen Gesicht bemerkte, wachte sie zum Glück auf. Sofort kroch sie zu ihrem Bruder Ricardo ins Bett.

Nomen:
Schauder, Wolf, Monster, Kröte, Schlange, Spinne, Käfer, Mond, Nebel, Gewölbe, Gruft, Gang, Kerze, Windhauch, Spinnweben, Atem, Knarren, Knacken

Verben:
zischen, krabbeln, heulen, springen, verlöschen, wehen, flackern, vernehmen, stocken, klammern, spüren, anschwellen, sich nähern

Adjektive:
rasselnd, feuerrot, leichenblass, pechschwarz, düster, verlassen, blutleer, keuchend, gurgelnd, zitternd, riesig, modrig, stockfinster

9 Überarbeite den Text mit Wörtern, die gruseliger klingen.
a. Welche Wörter und Wortgruppen sind nicht besonders gruselig? Markiere diese Wörter und Wortgruppen. Es sind ungefähr 20.
b. Schreibe den Text ab und ersetze dabei alle markierten Wörter. Du kannst die Nomen, Verben und Adjektive vom Rand verwenden. Achte bei den Verben auf das **Präteritum**.

Z

Weiterführendes: Ein Gruselerlebnis als Brief schreiben

Nina will ihrer Freundin Fatima von dem Gruselerlebnis in einem Brief erzählen.

3

Gestern sind wir nach dem Abendbrot mit Taschenlampen zu einer Nachtwanderung aufgebrochen. Ich bin natürlich zusammen mit Barbara und Sina gelaufen. Im Wald war es richtig dunkel. Ohne Taschenlampe hätten wir den Weg nicht gesehen. Es schien auch kein Mond. Wir stellten uns vor, wie es wäre, wenn wir den Sänger von LondonParis in dem Wald treffen würden. Sina meinte, sie würde ihn sofort küssen und wir sollten ihn dabei festhalten. Barbara und ich haben uns krankgelacht. Das war so lustig. Aber dann blieben vor uns alle stehen und irgendwer kreischte laut. Und dann machte jemand „Psst!" und alle waren still. Es war richtig unheimlich, weil alle so leise waren. Sina wollte das ausnutzen und Petra erschrecken, die vor uns stand, als plötzlich dumpfe Schläge dicht bei uns im Wald zu hören waren. Ein lautes Fauchen und Stöhnen sorgte endgültig dafür, dass bei uns keiner mehr einen Pieps sagte. Und dann vernahmen wir ein Geräusch wie von brechenden Knochen, gefolgt von einem gierigen Schlürfen. Von uns bewegte sich längst keiner mehr und alle klammerten sich aneinander und hielten den Atem an, um nicht zu schreien. Dann begann es überall um uns herum im Laub zu rascheln und irgendetwas kam näher. Da rief unser Lehrer laut: „Es reicht!" und wir hörten von allen Seiten das Lachen von denen aus der 5 b. Mit denen spreche ich kein Wort mehr.

1 Das kann man mir glauben.

2 Man weiß ja, wie sie ist.

3 Ich muss etwas total Gruseliges erzählen.

4 Schade, dass sonst keiner dabei war.

5 Man stelle sich das mal vor.

6 Man glaubt gar nicht, was für eine Angst wir hatten.

Nina hat beim Erzählen ihre Adressatin Fatima ganz vergessen.

1 Wie könnte Nina im Brief Fatima direkt ansprechen?

a. Formuliere die Sätze in den Sprechblasen so, dass Fatima direkt angesprochen wird. Schreibe die Sätze mit der Nummer in dein Heft.

b. An welchen Stellen im Brief könnte Nina Fatima direkt ansprechen? Markiere die Stellen im Text, an denen die Sätze in der Du-Form passen. Schreibe die Nummern der sechs Sätze an den Rand daneben.

Starthilfe
1 Das kannst du mir glauben.
2 ...

2 Am Schluss könnte Nina auch noch nach Fatimas Erlebnissen fragen. Schreibe zwei, drei Sätze für einen Briefschluss in dein Heft.

3 Welche Elemente fehlen dem Text noch, damit er ein Brief wird? Kontrolliere Ninas Brief mithilfe der Angaben vom Rand.

Ninas Brief fehlen ______________________________.

Elemente des Briefs:
Datum (und Ort)
Anrede
Brieftext
Gruß
Unterschrift

4 Schreibe einen vollständigen Brief sauber auf Briefpapier.
- Du kannst die überarbeitete Gruselgeschichte von Nina verwenden.
- Du kannst auch ein ganz eigenes Gruselerlebnis erzählen.

Tipp: Du kannst im Brief auch manchmal das **Perfekt** verwenden. Sehr spannende Stellen solltest du aber im **Präteritum** erzählen.

➤ Einen Brief schreiben, siehe: Wissenswertes auf einen Blick, Umschlag vorn

Das kann ich! – Ein Gruselerlebnis erzählen

Punkte

1 Zu welchen Handlungsbausteinen passen die folgenden Sätze?
Schreibe die richtigen Handlungsbausteine auf die Linien.

Hindernis	Reaktion	Ende	Wunsch	Hauptperson und Situation

/5 Punkte

________	In Panik rannten die drei um ihr Leben zu den Löchern ihrer Höhle.
________	Sie freuten sich auf ihre dunkle, sichere Höhle.
________	In dem Moment, als der Raubvogel zustoßen wollte, huschte das letzte der drei Mäuschen in sein Loch.
________	Die Eltern der drei Mäusekinder waren eines Tages nicht von der Futtersuche in die Höhle am Feldrand zurückgekehrt und so mussten sie sich nun selbst versorgen. Gerade eben in der Morgendämmerung kamen die drei Kleinen vom Feld.
________	Da spürten sie einen dunklen Schatten am Himmel, der sich mit einem unheimlichen Rauschen näherte und immer größer wurde.

Anna hat öfter gruselige Albträume. Manchmal fehlen ihr morgens die passenden Worte, um den Traum richtig zu erzählen.

2 **a.** Ergänze passende Wörter vom Rand in Annas Text.
b. Ergänze zwei spannende Sätze mit den übrigen Wörtern vom Rand.

/15 Punkte

Im ________ Nebel musste Anna jetzt allein zurück in das ________ Schloss, um Ricardo aus ________ ________ der Monster zu befreien. Das ________ Krächzen einer Krähe ________ neben ihr und sie ________ ________. Ein kalter ________ lief ihr über den ________, als sie die ________ Tür öffnete. Drinnen entdeckte sie im ________ Fußabdrücke, die zur Treppe führten. ________

____

____

____

____

____

erschallen
plötzlich
unheimlich
lauschen
die Klauen
dicht
zusammenzucken
höhnisch
der Schauder
knarrend
die Spuren
heiser
die Zehenspitzen
der Staub
der Rücken
schleichen
vernehmen
Gelächter
angespannt

3 Denke dir ein Ende aus. Schreibe mindestens fünf Sätze in dein Heft.
Verwende dabei mindestens je fünf „gruselige“ Adjektive und Verben.

/10 Punkte

Gesamtpunktzahl: /30 Punkte

Märchen lesen und erzählen

Merkmale von Märchen erkennen

Die Vogelprinzessin

In alten Zeiten lebte ein junger Hirte. Er hatte ein so gutes Herz, dass er keinem Menschen und keinem Tier etwas zu Leide tat. Eines Tages sah er einen Vogelschwarm, der über dem See kreiste und dann am Uferrand niederglitt. Der Hirte beobachtete die Vögel, und siehe, aus den Federkleidern schlüpften lauter Mädchen, eines schöner als das andere. Er schlich zum Ufer und packte das schönste Kleid. Die Mädchen erschraken, schlüpften in ihre Federn und flogen, bis auf eines, davon. „Ich bin die Tochter des Königsgeiers", sagte sie. „Gib mir mein Kleid zurück, damit ich in den Vogelhimmel zurückkehren kann." Doch der Hirte hatte sich schon in das Mädchen verliebt und fragte es, ob es seine Frau werden wollte. Das Mädchen war einverstanden und so lebten sie lange glücklich und zufrieden. Eines Tages aber wollte die Vogelprinzessin gerne ihren Vater, den Vogelkönig, besuchen. Sie flogen zusammen hin, doch der König war böse, dass seine Tochter einen Menschen geheiratet hatte. Er wollte den Hirten töten und stellte ihm drei schwierige Aufgaben. Wenn er sie lösen würde, dürfte er seine Tochter behalten. Die Prinzessin war sehr traurig und dachte, sie würde nun ihren Mann verlieren. Der Hirte aber bewältigte alle drei Aufgaben und flog zusammen mit der Prinzessin zur Erde zurück. Dort lebten sie ihr Leben lang glücklich miteinander.

1 **a.** Lies den Anfang des Märchens.
b. Notiere, was du über die Zeit und den Ort der Handlung erfährst.

die Zeit: ______________________________

der Ort: ______________________________

Der **Märchenanfang** gibt oft den **Ort** und die **Zeit** an – aber meist sehr ungenau.

2 Wer ist die Hauptperson? Ergänze den Satz.

______________ ist ______________ in diesem Märchen.

In Märchen gibt es meist eine **Hauptperson**.

3 Welche besonderen Lebewesen gibt es in dem Märchen? Beschreibe diese Lebewesen mit deinen eigenen Worten.

____

____

____

____

In Märchen gibt es oft **besondere Lebewesen**, **Dinge** und **Kräfte**, die es in Wirklichkeit nicht gibt, zum Beispiel Feen oder sprechende Tiere.

4 Welche Zahl kommt in diesem Märchen vor?
Welche Zahlen gibt es oft in Märchen? Schreibe die Zahlen auf.

hier: __________, andere Märchen: ______________________________

Bestimmte Zahlen spielen oft eine wichtige Rolle.

5 Welche zwei Personen in diesem Märchen sind gegensätzlich?
Begründe deine Entscheidung.

____________________________ und ____________________________

sind gegensätzlich, weil ____

____

In Märchen kommen oft Gegensätze vor, wie zum Beispiel gut und böse oder jung und alt.

6 Stelle dir die beiden gegensätzlichen Personen vor.
Beschreibe diese zwei Personen mit gegensätzlichen Adjektiven*,
wie zum Beispiel **groß** und **klein**.
Verwende mindestens fünf Adjektivpaare.

* mehr zu Adjektiven auf den Seiten 74–77

Person 1	Person 2
der/die ____________	der/die ____________
ist ____________	ist ____________
____________	____________
____________	____________
____________	____________
____________	____________

Bearbeite die folgenden drei Aufgaben in deinem Heft.

7 Der Hirte muss drei Aufgaben lösen.
Diese Aufgaben beschreibt der Text leider nicht.
Denke dir drei Aufgaben aus.

Starthilfe
> Bei der ersten Aufgabe muss der Hirte …

In Märchen müssen die Hauptpersonen oft Hindernisse überwinden, Aufgaben lösen oder sie bekommen Wünsche erfüllt.

8 Beschreibe, wie der Hirte die Aufgaben löst.
Hat er dabei Hilfe von besonderen Lebewesen, Dingen oder Kräften?

Starthilfe
> Zuerst weiß der Hirte nicht, wie er die erste Aufgabe lösen soll. Aber dann kommt ein …

9 Schreibe einen Schlusssatz für dein Märchen auf.

Märchen enden meistens glücklich.

Z **Weiterführendes:**

Ein Märchen weiterschreiben

____

Vor langer, langer Zeit lebte in einer alten zerfallenen Hütte ein armes Paar mit einem kleinen Kinde. Tagein, tagaus mussten sie sehen, woher sie etwas zu essen bekamen. Sie beklagten sich aber nie. Als der Mann eines Tages den Acker umgrub, entdeckte er ein kleines silbernes Kästchen in der Erde. Der arme Mann öffnete das Kästchen und fand darin ...

1 Lies den Märchenanfang.

2 Beschreibe, was der arme Mann in dem Kästchen fand. Verwende Wörter, die zu einem Märchen passen.

____

____

____

Bearbeite die folgenden Aufgaben in deinem Heft.

3 Was geschah mit dem Mann und dem Kästchen?

Starthilfe
Der Mann wunderte sich sehr. So etwas hatte er noch nie gesehen. Da ...

4 Beschreibe eine Aufgabe, die der Mann bewältigen muss. Überlege dir, wer die Aufgabe stellt, und verwende wörtliche Rede.

Starthilfe
„Du sollst ...“, sagte ...

5 Beschreibe eine märchenhafte Belohnung für das Lösen der Aufgabe.

Starthilfe
Als er endlich ...

6 Wie soll das Märchen enden? Schreibe einen Schlusssatz auf.

____

____

7 Schreibe mit deinen Ideen ein Märchen.
Ergänze weitere Ereignisse, zum Beispiel mehrere Aufgaben.
- Beachte die Merkmale von Märchen auf den Seiten 28 und 29.
- Verwende eine typische Märchensprache.

Tipp: Gestalte die Initialen* und ergänze ein eigenes Bild.

* Initialen: verzierte Anfangsbuchstaben von Texten

8 Denke dir eine passende Überschrift aus. Schreibe sie auf die Linie über dem Märchenanfang.

Das kann ich! – Märchen lesen und erzählen

Punkte

1 Vervollständige die folgenden Merkmale von Märchen.
Einmal musst du auch Beispiele dazuschreiben.

a) Der **Märchenanfang** gibt oft __________ und __________ an. /2 Punkte

b) In Märchen gibt es meist eine __________. /1 Punkt

c) In Märchen gibt es oft **besondere** __________, __________ und __________, /3 Punkte
die es in Wirklichkeit nicht gibt, zum Beispiel __________, /1 Punkt
__________ und __________.

d) **Bestimmte** __________ spielen oft eine wichtige Rolle, zum Beispiel die 3. /1 Punkt

e) In Märchen kommen oft __________ vor, zum Beispiel gut und böse. /1 Punkt

f) Im Märchen muss die Hauptperson oft __________ überwinden, /3 Punkte
__________ lösen oder sie bekommt __________ erfüllt.

g) Märchen __________ meistens **glücklich**. /1 Punkt

Das Wasser des Lebens

Es war einmal ein König, der war krank, und niemand glaubte, dass er mit dem Leben davonkäme. Er war schon oft im Stadt-Krankenhaus gewesen. Er hatte aber drei Söhne, die waren darüber betrübt, gingen hinunter in den Schlossgarten und weinten. Sie trösteten sich gegenseitig mit Schokolade. Da begegnete ihnen ein alter Mann, der fragte sie nach ihrem Kummer. Er kaute Kaugummi. Sie sagten ihm, ihr Vater wäre so krank, dass er wohl sterben würde, denn es wolle ihm nichts helfen. Da sprach der Alte: „Ich weiß noch ein Mittel, das ist das Wasser des Lebens; wenn er davon trinkt, so wird er wieder gesund; es ist aber schwer zu finden." „Die ganzen Tabletten braucht er dann nicht mehr." Da sagte der älteste Sohn: „Ich will es schon finden." Schnell packte er einen Rucksack und setzte sich auf sein Motorrad. Als er eine Zeit lang geritten war, stand da ein Zwerg auf dem Wege und sprach: „…"

2 In den Märchenanfang sind Sätze aus anderen Texten geraten.
Streiche alle Sätze durch, die nicht zu dem Märchen gehören. /5 Punkte

3 **a.** Schreibe nur die Märchensätze in dein Heft. /2 Punkte
b. Schreibe das Märchen in deinem Heft zu Ende.
Beachte dabei die Merkmale von Märchen. /10 Punkte

Gesamtpunktzahl: /30 Punkte

Eine Nacherzählung schreiben

Angsthase Paul Maar

➤ Nacherzählen, siehe: Wissenswertes auf einen Blick, Umschlag vorn

1 Es ist Sonntagmorgen vorm Frühstück. Hannes, Anne und die Nachbarskinder Ulli und Ulla sind aus Langeweile auf die Baustelle nebenan geschlichen und gucken sich die Baugrube an.

2 „ Zwei Meter fünfzig“, schätzt Ulli. „Da kann man ja runterspringen.“
„Runterspringen?“, ruft Anne entsetzt und schaut Ulli an, um zu sehen, ob er vielleicht nur Spaß gemacht hat.
„Warum denn nicht?“, sagt Ulli großspurig*. „Jetzt pass mal auf!“
Er hält sich an ein paar dicken Grasbüscheln fest, die am Rand der Baugrube wachsen, und rutscht vorsichtig an der Grubenwand hinunter, bis er mit ausgestreckten Armen an den Grasbüscheln hängt. Nun sind seine Füße gar nicht mehr weit vom Boden entfernt. Ulli lässt los und springt.
„Ganz einfach! War ganz leicht, das könnt ihr auch. Los, kommt herunter!“ Ulla macht es genau wie ihr Bruder. Dann ist Hannes an der Reihe. Als die beiden da unten immer wieder rufen: „Los, spring doch! Trau dich doch!“, da springt auch er.

* angeberisch

3 Nun ist Anne ganz allein oben. Die drei in der Grube rufen: „Anne, jetzt bist du dran! Los, spring!“ Aber Anne traut sich nicht.
„Nein, ich mag nicht“, sagt sie.
„Du hast ja nur Angst!“, schreien die drei in der Grube: „Angsthase, Angsthase! Du hast ja Angst!“
„Ja“, sagt Anne, und weil die drei in der Grube immer lauter singen: „Angsthase, Angsthase, Angsthase!“, geht sie schließlich weg.

4 Die drei wollen ihren Spottvers hinter Anne hersingen. Deshalb versuchen sie, schnell aus der Grube zu klettern, um hinter ihr herzurennen. Aber es geht nicht. Die Grube hat nur vier steile, glatte Wände. Sie versuchen, an den glatten Wänden hochzuklettern, aber sie rutschen immer wieder ab.
Nun werden die drei da unten ziemlich kleinlaut.
„Wenn nur Anne nicht weggegangen wäre“, meint Hannes. „Sie könnte unseren Papa holen. Der würde uns raushelfen.“
„Wir müssen rufen. Vielleicht hört uns jemand“, sagt Ulli.
Zu dritt rufen sie: „Hallo, hallo!“ Es klingt recht kläglich.
Dann lauschen sie, aber niemand antwortet.

5 Da taucht plötzlich Anne oben am Rand der Grube auf.
„Anne, du musst Papa Bescheid sagen. Er soll uns hier herausholen“, sagt Hannes aufgeregt. „Wir schaffen das nicht allein!“
Jetzt kriegt Anne einen Lachanfall.
„Ihr kommt nicht mehr raus? So was Komisches!“, ruft sie.
„Sie kommen nicht mehr raus, sie kommen nicht mehr raus!“
„Los, geh und hol Papa“, bittet Hannes. „Sei doch jetzt nicht bockig!“
„Nein, ich hol ihn nicht“, sagt Anne. „Ich weiß etwas viel Besseres. Bei den Brettern hab ich nämlich eine Leiter liegen sehen!“

Anne schleift die Leiter zur Grube und lässt sie hinunter. Die drei da unten rücken die Leiter zurecht und steigen einer nach dem anderen heraus. Hannes legt seiner Schwester den Arm um die Schultern. „Anne, du bist ganz, ganz große Klasse!“, sagt er dabei. Und Ulli und Ulla nicken anerkennend.

Sieben Tipps für eine gute Nacherzählung:

Tipp 1:
Lies die Geschichte genau.

1 Lies die Erzählung „Angsthase“ genau.

2 Beantworte die folgenden Fragen in Stichworten.

a. Wer sind die handelnden Personen?

Hannes, Anne, ______________________________

b. Wann und wo spielt die Geschichte?

____

c. Was passiert in der Geschichte?

____

____

____

Tipp 2:
Notiere dir Stichworte zu jedem Abschnitt.

3 Markiere wichtige Angaben im zweiten Abschnitt.
Notiere Stichworte.

„Zwei Meter fünfzig“, schätzt Ulli, runterspringen, ______________________________

____

____

____

Tipp 3:
Erfinde nichts dazu

4 Die folgenden Stichworte zum dritten Abschnitt sind nicht alle richtig.
a. Streiche erfundene Angaben durch. Vier Angaben bleiben übrig.
b. Welche Angaben fehlen noch? Ergänze sie auf den Linien.

Anne allein oben, sie soll den Vater holen, Anne traut sich nicht, die drei in der Grube haben Angst, Anne singt: „Angsthase“, die anderen singen lauter, schließlich geht Anne weg

____

____

Tipp 4:
Halte die Reihenfolge der Geschichte ein.

5 Die Stichworte zum vierten Abschnitt sind durcheinandergeraten.
Nummeriere sie in der richtigen Reihenfolge.

☐	– niemand antwortet	☐	– hinter Anne her wollen
☐	– von glatten Wänden abrutschen	☐	– um Hilfe rufen

6 Ergänze die folgenden Stichworte zum fünften Abschnitt.

- Anne erscheint am Grubenrand und ______________________________
- hat eine bessere Idee, sie ______________________________
- steigen nacheinander heraus, ______________________________

Tipp 5:
Denke an alle wichtigen Angaben.

Damit die Nacherzählung lebendig und spannend ist, kannst du wörtliche Rede aus der Geschichte übernehmen.

Tipp 6:
Verwende wörtliche Rede aus der ursprünglichen Geschichte.

7 Füge wörtliche Rede aus dem Text in die Sätze ein.
Tipp: Verwende dabei auch andere Verben für „sagen".

Die drei in der Grube ________________:

____

____

____, antwortet sie.

Da ____________ die drei in der Grube: ______________________________

____

Plane die Nacherzählung und schreibe sie in dein Heft.

8 Schreibe deine Stichworte in ein Flussdiagramm.

Starthilfe

Sonntagmorgen vor dem Frühstück	→	Hannes, Anne, Ulla und Ulli langweilen sich	→	...
				↓
...	←	...	←	...
↓				

9 **a.** Schreibe nun eine eigene Nacherzählung auf.
- Nutze das Flussdiagramm mit deinen Stichworten.
- Verwende deine wörtliche Rede aus Aufgabe 7.
- Verwende die Zeitform der ursprünglichen Geschichte.
  Tipp: Der Text ist in der Gegenwart (Präsens) geschrieben.
- Denke an die Überschrift und den Namen des Autors.

b. Kontrolliere deine Nacherzählung mithilfe der Tipps 1 bis 7.

Tipp 7:
Verwende die Zeitform der ursprünglichen Geschichte.

Starthilfe

Nacherzählung zu der Geschichte „Angsthase" von Paul Maar
An einem Sonntagmorgen langweilen sich Hannes, Anne und die Nachbarskinder Ulli und Ulla. Sie ...

Das kann ich! – Eine Nacherzählung schreiben

Punkte

Der Anfang von Kevins Nacherzählung muss überarbeitet werden.

Nacherzählung der Geschichte „Angsthase“

Anne, Hannes und Ulli ist langweilig. Sie entdecken eine zwei Meter fünfzig tiefe Grube. Da wird eine Tiefgarage gebaut. Ulli hat eine Idee. Er hält sich an ein paar dicken Grasbüscheln fest, die am Rand der Baugrube wachsen, und rutscht vorsichtig an der Grubenwand hinunter, bis er mit ausgestreckten Armen an den Grasbüscheln hängt. Nun sind seine Füße gar nicht mehr weit vom Boden entfernt. Ulli lässt los und springt. Er schafft es. „Los, rutscht herunter!“, fordert Ulli. Anne springt nicht. „Nein, ich kann nicht“, sagt sie. Die anderen springen hinterher. Hannes und Ulli riefen aus der Grube: „Anne, jetzt bist du dran. Los, spring!“ Die anderen schrien ihr hinterher: „Angsthase, Angsthase, Angsthase! Du hast ja Angst!“ Traurig geht sie weg. ...

1 Welche Angabe fehlt in der Überschrift?
Schreibe die fehlende Angabe auf die Linie. ______________________ /1 Punkt

2 Welche wichtigen Angaben zu Personen, Zeit und Ort fehlen in den ersten zwei Sätzen der Nacherzählung? /3 Punkte

Personen: ______________________ Zeit: ______________________

Ort: ______________________

3 Welche Angabe der Nacherzählung steht gar nicht im Text?
Streiche einen Satz. /1 Punkt

4 An einer Stelle hat Kevin drei Sätze hintereinander genau abgeschrieben.
a. Markiere diese drei Sätze in der Nacherzählung. /3 Punkte
b. Wie sollte Kevin diese Stelle verbessern? Kreuze an. /1 Punkt
- [ ] Weglassen, weil sie unwichtig ist.
- [ ] Die Sätze etwas kürzen.
- [ ] Erst Stichworte finden und dann eigene Sätze bilden.

c. Schreibe die Stelle in eigenen Worten in dein Heft. /5 Punkte

5 An welcher Stelle hat Kevin die Reihenfolge nicht eingehalten? /3 Punkte
a. Kreise die Stelle ein.
b. Wohin gehört diese Stelle? Zeichne einen Pfeil an den Rand.

6 Wo hat Kevin wörtliche Rede aus der Geschichte verändert?
a. Kreuze jede fehlerhafte wörtliche Rede am Rand des Textes an. /8 Punkte
b. Schreibe die vier Stellen mit wörtlicher Rede richtig in dein Heft.

7 Am Schluss sind Kevin zwei Verben in eine andere Zeitform geraten.
Streiche diese beiden Verben im Text durch und schreibe sie richtig auf. /4 Punkte

______________________ ______________________

Gesamtpunktzahl: /29 Punkte

Rechtschreibhilfen

Entwickle dein Rechtschreibgespür!
Lass Rechtschreibzweifel zu!
Rechtschreibhilfen helfen dir, richtige Entscheidungen zu treffen.
Die drei wichtigsten Rechtschreibhilfen sind:

> **Gliedern:** Du zerlegst ein Wort in Sprechsilben.
> **Verlängern:** Du verlängerst ein Wort, bildest z. B. den Plural oder den Infinitiv.
> **Ableiten:** Du findest ein verwandtes Wort.

Das Gliedern

Mittagssonne

Schulsportfest
vorbeilaufen
vermutlich
Ferienanfang
Fahrradlampe

1 **a.** Sprich die Wörter vom Rand langsam und deutlich – Silbe für Silbe.
Tipp: Doppelkonsonanten musst du dabei meist trennen.
b. Zerlege jedes Wort in Silben. Schreibe es auf die Linien.

Mit | tags | son | ne ______ ______

______ ______ ______

Eine nasse Fahrradfahrt

Die fünf **Unterrichtsstunden** waren zu Ende. Sandra und Lena rannten zu ihren **abgestellten** Fahrrädern. Auf dem **Nachhauseweg** begann es **heftig** zu regnen. Die Mädchen **flüchteten** in ein **Wartehäuschen** am Rande der **Verkehrsstraße**. Als der Regen endlich **aufhörte**, fuhren sie schnell weiter. „Ich bekomme **hoffentlich** keine **ernsthafte Erkältung**“, bemerkte Sandra im Weiterfahren.

2 **a.** Lies den Text.
b. Sprich die farbigen Wörter langsam und deutlich – Silbe für Silbe.
c. Zerlege diese Wörter in Sprechsilben und schreibe sie auf die Linien.

______ ______ ______

______ ______ ______

______ ______ ______

______ ______ ______

3 **a.** Schreibe den Text in dein Heft.
b. Markiere die gegliederten Wörter aus Aufgabe 2.

Bei einsilbigen Verbformen, wie „er **rennt**", fragst du dich vielleicht manchmal, ob sie mit Doppelkonsonant geschrieben werden. Dann musst du das Verb in die Grundform (den Infinitiv) setzen. Danach kannst du es gliedern.

Der Hund knu**rr**t. – knu**r**|**r**en (Infinitiv)
↓ ? ↓ rr!

4 **a.** Setze die folgenden Verbformen in die Grundform (den Infinitiv).
b. Gliedere die Grundform (den Infinitiv).
c. Sprich die Grundform (den Infinitiv). Präge dir den kurzen Vokal vor dem Doppelkonsonanten ein.

er rennt *ren|nen* sie stellt ______
es brummt ______ du musst ______
sie kommt ______ sie schwimmt ______

Das Verlängern

d oder **t** am Ende eines Wortes?
Das **Verlängern** bringt die Entscheidung.
der Aben**d** – die langen Aben**d**e   bekann**t** – eine bekann**t**e Person
↓ d/t? ↓ d! ↓ d/t? ↓ t!

1 **a.** Verlängere die folgenden Wörter und entscheide die Schreibung.
Tipp: Bilde bei den Verben die Grundform (den Infinitiv).
b. Markiere **d** mit Blau und **t** mit Rot.

der Staa*t* (d/t) *die Staaten* Europas die Gestal__ (d/t) die zwei ______
das Fahrra__ (d/t) zwei ______ die Gegen__ (d/t) durch viele ______
das Hem__ (d/t) die weißen ______ hunder__ (d/t) ______ von Menschen
interessan__ (d/t) die ______ Leute spannen__ (d/t) die ______ Spiele

2 **a.** **g** oder **ch**? Verlängere die Wörter und entscheide die Schreibung.
b. Markiere das **g** mit Blau und das **ch** mit Rot.
c. Markiere bei den Wörtern mit **ch** die letzten vier Buchstaben.

niedri*g* (g/ch) die *niedrigen* Häuser wirkli__ (g/ch) die ______ Geschichte
tägli__ (g/ch) die ______ Arbeit ähnli__ (g/ch) eine ______ Person
häufi__ (g/ch) das ______ Fehlen schwieri__ (g/ch) die ______ Aufgabe

3 Schreibe die folgenden Sätze ab und entscheide die Schreibung.

Ungefähr tausen_ (d/t) Besucher aus aller Wel_ (d/t) besuchten das Fest.

Endlich erreichten wir hungri_ (g/ch) und dursti_ (g/ch) unser Ziel.

Das sieht dir ähnli_ (g/ch)!

Das Ableiten

ä und **e** klingen in vielen Wörtern ähnlich, **äu** und **eu** klingen gleich.
Leite ab: Finde ein verwandtes Wort mit a und au.

quälen – die Qual		die Träume – der Traum	
↓	↓	↓	↓
?	**ä!** ← **a**	**?**	**äu!** ← **au**

1 Schreibe in die Lücken jeweils ein verwandtes Wort mit **a** oder **au**.

das Gebäude	kommt von *bauen*	, also *äu*
du läufst	kommt von ____________	, also ______
kräftig	kommt von **die** ____________	, also ______
täglich	kommt von **der** ____________	, also ______
das Päckchen	kommt von ____________	, also ______
die Sträuße	kommt von **der** ____________	, also ______
schädlich	kommt von **der** ____________	, also ______
tatsächlich	kommt von **die** ____________	, also ______
ängstlich	kommt von **die** ____________	, also ______

2 **a.** Ergänze in den folgenden Sätzen Wörter mit **ä** oder **äu**.
b. Schreibe die Sätze in dein Heft.
c. Markiere die Wörter mit **ä** oder **äu**.

Wenn etwas anders wird, dann hat es sich ver____________.

Laut ____________ die Glocken der Kirche.

Klar doch. Ich werde dir die Aufgabe er____________.

Das nasskalte Wetter ist schuld. Nun habe ich

eine ____________.

Diesen Satz musst du noch einmal schreiben.

Die übrigen ____________ sind in Ordnung.

Das kann ich! – Gliedern, verlängern, ableiten

Punkte

1 Wie heißen die drei wichtigsten Rechtschreibhilfen? ___ /3 Punkte

das ____________, das ____________ und das ____________

2 Gliedere die folgenden Wörter in Silben. ___ /3 Punkte

Unterrichtsstunde ____________ Verkehrsstraße ____________ zurückrennen ____________

3 Entscheide die Schreibung. Schreibe das richtige Wort darunter. ___ /6 Punkte

Der Hund knu___t (r/rr) ____________

Der Bär bru___t (m/mm) ____________

Das Haus bre___t (n/nn) ____________

Das Mädchen schwi___t (m/mm) ____________

Das Kind re___t (n/nn) ____________

Der Junge ko___t (m/mm) ____________

4 Entscheide die Schreibung. Verlängere dazu die Wörter. ___ /6 Punkte

d oder t?

der Aben___ ______ ____________

tausen___ ____________

spannen___ ____________

g oder ch?

schwieri___ ____________

häufi___ ____________

hungri___ ____________

5 Entscheide die Schreibung. ___ /4 Punkte
Schreibe das vollständige Wort noch einmal auf die Linie.

qu___len (ä/e) ____________

sch___dlich (ä/e) ____________

Erk___ltung (ä/e) ____________

Geb___de (äu/eu) ____________

6 Schreibe die vier Fehlerwörter richtig auf die Linien. ___ /4 Punkte

Du musst dich unbedingt endern.
Ich habe tatsächlich gewonnen.
Ich bin hungrich und durstig.
Das Haus brent lichterloh.
Das sieht dir wirklich ähnlich!
Zum Fest kamen zirka tausent Besucher.

____
____
____
____

Achtung: Fehler!

Gesamtpunktzahl: ___ /26 Punkte

Wörter bilden und schreiben

Mit den Vorsilben **ver-**, **be-** und **ent-** werden viele neue Verben gebildet.
ver- + laufen = verlaufen be- + fahren = befahren
ent- + wässern = entwässern

1 Bilde neue Verben mit den Vorsilben **ver-**, **be-** und **ent-**.

ver- + antworten = verantworten
ver- + kaufen = ______
ver- + binden = ______
ver- + irren = ______

be- + finden = ______
be- + wundern = ______
be- + treten = ______
be- + zahlen = ______

ent- + kommen = ______
ent- + scheiden = ______

ent- + laden = ______
ent- + wickeln = ______

2 Bilde mit den Vorsilben **ver-**, **be-** und **ent-** weitere neue Verben. Schreibe sie in dein Heft.

Starthilfe
ver + treten = vertreten,
...

Mit den Endungen **-fähig** und **-bar** kannst du aus Verben neue Adjektive bilden. Die Infinitvendung **-en** entfällt.
trag(en) + fähig = tragfähig dehn(en) + bar = dehnbar

3 Bilde neue Adjektive mit **-fähig** und **-bar**.

tauch(en) + fähig = tauchfähig
dreh(en) + bar = ______
lern(en) + fähig = ______
auffind(en) + bar = ______

Beim Zusammensetzen von Nomen musst du manchmal ein **s**, **es**, **n** oder **en** einfügen. die Liebe + **der** Brief = **der** Liebe**s**brief
die Nase + **der** Bär = **der** Nase**n**bär
Der Artikel des neuen Nomens richtet sich nach dem Grundwort.

4 **a.** Bilde zusammengesetzte Nomen und füge dabei **s**, **es** oder **(e)n** ein. Denke an den Artikel. Er richtet sich nach dem zweiten Nomen (Grundwort).
b. Markiere die eingefügten Buchstaben.

die Geburt + der Tag = ______
der Clown + die Nase = ______
das Jahr + die Zeit = ______
die Linse + die Suppe = ______
der Löwe + das Fell = ______
der Sieg + die Säule = ______

5 Setze neue Nomen zusammen. Dreimal musst du Buchstaben einfügen. Schreibe in dein Heft.

groß, die Welt, der Kreis, klein, die Million, die Geburt, der Liebling + **Stadt** = …

Starthilfe

Zusammengesetzte Nomen
groß + die Stadt = die Großstadt
…

6 **a.** Ergänze im Text Zusammensetzungen aus den Aufgaben 1 bis 5.
b. Schreibe den Text in dein Heft. Markiere die eingesetzten Wörter.

Ich feiere meinen ________________tag also in der schönsten Jahr______________ – im Sommer. Diesmal waren wir in meiner ________________stadt Berlin. Einmal haben wir uns im Tiergarten ver______________ und sind lange herumgelaufen, bis ich die goldene Siegesgöttin auf der ________________säule entdeckt habe. Da wir lern______________ sind, ist uns das nicht noch einmal passiert. Abends haben wir im Zirkus die Artisten ______wundert. Vati hat mir dort als Geschenk eine rote Clown______________ gekauft.

Die Siegessäule mit der goldenen Siegesgöttin in Berlin

Das kann ich! – Wörter bilden und schreiben

Punkte

1 **a.** Ergänze den folgenden Merksatz.
b. Schreibe jeweils ein Beispiel auf die Linien darunter. ___ /6 Punkte

Mit den Vorsilben ______, ______ und ______ werden neue Verben gebildet.

____________________ ____________________ ____________________

2 **a.** Ergänze den folgenden Merksatz.
b. Schreibe jeweils ein Beispiel auf die Linien darunter. ___ /6 Punkte

Beim Zusammensetzen von Nomen muss ich manchmal ______, ______, ______ oder **en** einfügen.

____________________ ____________________ ____________________

3 Bilde Adjektive mit **-fähig** und **-bar**. ___ /4 Punkte

gehen + ? = ____________________ schwimmen + ? = ____________________

heilen + ? = ____________________ bezahlen + ? = ____________________

4 Zerlege die zusammengesetzten Nomen. Ergänze die Artikel. ___ /6 Punkte

der Frühlingsanfang = _____ ______________ + _____ ______________

das Tageslicht = _____ ______________ + _____ ______________

die Deckenleuchte = _____ ______________ + _____ ______________

Gesamtpunktzahl: ___ /22 Punkte

Großschreibung

Aus **Verben** können **Nomen** werden.
Der Artikel **das** und die Wörter **zum** und **beim** machen's!
schreiben → das Schreiben / zum Schreiben / beim Schreiben

1 **a.** Lege in deinem Heft eine Tabelle mit vier Spalten an.
b. Bilde aus den Verben vom Rand Nomen mit **das**, **zum** oder **beim**.
Achte auf die Großschreibung.

anziehen
arbeiten
bringen
denken
unterhalten
fahren

Starthilfe

Verben	Nomen		
anziehen	das Anziehen	zum ...	beim ...
...	...	...	...

Achtung! Zwischen **das**, **zum** und **beim** und dem Nomen kann ein Adjektiv stehen.
Das Adjektiv wird natürlich kleingeschrieben.
das Hören → das gute Hören

2 **a.** Entscheide mit Linien, welches Adjektiv zu welchem Verb passt.
b. Bilde Nomen mit **das**, **zum** und **beim** aus den Verben.
Schreibe sie mit den passenden Adjektiven zusammen auf.

		laut		erzählen	→	*zum spannenden Erzählen*
das		spannend		parken	→	______
zum	+	falsch	+	sprechen	→	______
beim		lesbar		kommen	→	______
		früh		schreiben	→	______

Aus **Verben** und **Adjektiven** können **Nomen** werden.
Die Endungen **-ung**, **-keit**, **-heit** machen's! Diese Nomen haben immer den Artikel **die**.
send(en) → die Sendung häufig → die Häufigkeit neu → die Neuheit

3 Bilde Nomen mit den Endungen **-ung**, **-keit** und **-heit**.

erziehen ______ sicher ______
fröhlich ______ schwierig ______
entwickeln ______ wahr ______

Aus **Adjektiven** können **Nomen** werden. Die Wörter **etwas** und **nichts** machen's!
schön → etwas Schönes → nichts Schönes

4 Bilde Nomen.

persönlich *etwas Persönliches* ________ passend ________

wunderbar ________ modern ________

5 Schreibe die Sätze in dein Heft und entscheide die Schreibung.

Starthilfe
Diese Unterhaltung geht dich nichts an! ...

Diese (u/U)nterhaltung geht dich nichts an!
Das ist etwas (p/P)ersönliches.
Du musst beim (f/F)ahren mehr auf die (s/S)icherheit achten.
Durch das schnelle (b/B)remsen kam das Auto noch zum (s/S)tehen.
Mir ist beim unglücklichen (f/F)allen nichts (s/S)chlimmes passiert.

Das kann ich! – Nominalisierte Verben und Adjektive

Punkte

1 Ergänze die folgenden drei Merksätze zur Großschreibung.

Die Wörter ________ , ________ und ________ machen aus Verben Nomen. ___ /3 Punkte
Die Endungen ________ , ________ und ________ machen aus Verben oder Adjektiven Nomen. ___ /3 Punkte
Die Wörter ________ und ________ machen aus Adjektiven Nomen. ___ /2 Punkte

2 Entscheide die Schreibung. ___ /6 Punkte
Schreibe die Wörter und Wortgruppen richtig daneben.

etwas (p/P)ersönliches ________ beim (f/F)ahren ________

nichts (m/M)odernes ________ die (v/V)errücktheit ________

das (f/F)rühe (k/K)ommen ________

die (g/G)anze (w/W)ahrheit ________

3 Die Sätze enthalten sechs Fehlerwörter. ___ /6 Punkte
– Streiche die Fehlerwörter durch.
– Schreibe die Wörter richtig neben die Sätze.

Achtung: Fehler!

Manchmal ist das Hören der wahrheit unangenehm. ________
Beim spannenden erzählen vergaß er die Zeit. ________
Glücklicherweise hörte er das Laute schreien um Hilfe. ________
Ich werde dir beim arbeiten helfen. ________
Ich brauche etwas passendes zum Anziehen. ________

Gesamtpunktzahl: ___ /20 Punkte

Wörter mit ie und langem i

Die meisten Wörter mit einem **lang gesprochenen i** werden im Deutschen mit **ie** geschrieben.

das Lied der Dienstag nie verlieren das Papier fließen frieren viel
das Fieber gießen diesmal der Krieg schließen sieben (die Zahl 7)

1 **a.** Ordne die Wörter mit **ie** in die folgende Tabelle ein.
Denke bei den Nomen an die Artikel.
b. Markiere das **ie** mit Blau.

Nomen	Verben	sonstige Wörter
das Lied		

2 Ergänze die folgenden Sätze mit passenden Wörtern aus der Tabelle.

Das Gegenteil von Frieden ist ______________________.

Leider liege ich heute im Bett, denn ich habe ______________________.

Der zweite Tag der Woche heißt ______________________.

Wir werden kämpfen, um das Spiel nicht zu ______________________.

3 Schreibe folgende Nomen mit Artikeln im Singular und im Plural.

der Brief der Brief ______ die Briefe ______

das Ziel ______________ ______________

das Lied ______________ ______________

die Miete ______________ ______________

die Schiene ______________ ______________

der Sieg ______________ ______________

4 Wähle drei Nomen aus Aufgabe 3 aus und schreibe damit drei Sätze in dein Heft.

Alle Wörter aus der Wortfamilie **lieb** schreibt man mit **ie**.

lieb - er	**lieb** - los
Lieb - ste	**Lieb** - es - brief
lieb - en	**lieb** - lich
Lieb - ling	Ge - **lieb** - te
ver - **lieb** - en	be - **lieb** - t

5 Sortiere die Wörter der Wortfamilie mit **lieb** nach den Wortarten. Schreibe sie in die Tabelle. Denke bei den Nomen an die Artikel.

lieb		
Nomen	**Verben**	**Adjektive**

6 Die folgenden **Nomen** werden mit **ie** geschrieben.

a. Schreibe in jede Lücke das **ie**.

b. Schreibe das ganze Wort daneben. Ergänze den Artikel und den Plural. Markiere jeweils das ie mit Blau.

Br___f	*der Brief*	*die Briefe*	Zw___bel		
R___se			Sch___ne		
B___ne			St___fel		
D___b			Pap___r		
L___d			Fl___ge		

7 Auch die folgenden **Verben** werden mit **ie** geschrieben.

a. Verbinde die passenden Silben.

b. Schreibe das Verb daneben.

zie	ren		lie	gen	
schie	gen		spie	ben	
flie	ben		bie	ren	
frie	len	*zielen*	rasie	len	

Z Weiterführendes: langes i ohne e

Nur in wenigen Wörtern folgt nach dem **lang gesprochenen i** kein **e**.
Diese Wörter musst du dir merken.

dir Bibel Igel Tiger Liter Kino Maschine Margarine
Kaninchen mir prima Termin Kilo Ski lila gib wir

1 Schreibe die Wörter mit **i** dreimal.
Denke bei den Nomen an die Artikel.

dir, dir, dir, ______________________________

____

____

____

____

____

____

2 Schreibe passende Wörter aus Aufgabe 1 in die Lücken.

„Reich *mir* bitte den Becher mit der ______________ herüber“, bat meine Mutter beim Frühstück. „________ dem ______________ frisches Wasser und Heu“, erinnerte mich meine Schwester.

„Die neue Wasch______________ wird zum angegebenen ______________ geliefert“, versprach der Verkäufer.

Als ich Maria zusagte, mit ihr den Film zu sehen, freute sie sich:

„______________, dass ich mit ________ ins ______________ gehen kann.“

3 **a.** Welche Wörter aus Aufgabe 1 passen in das Rätsel? Ergänze die fehlenden Buchstaben.
b. Sortiere die Wörter nach dem Alphabet. Schreibe jedes Wort dreimal in dein Heft. Denke bei den Nomen an die Artikel.
c. Markiere jeweils das lange **i** mit Blau.

Starthilfe
Wörter mit langem i
der Igel, der Igel, …
…

der					I			
der					i			
der					i			
					i			
das					i			

Das kann ich! – Wörter mit ie und langem i

Punkte

1 **a.** Schreibe die folgenden Merksätze zu Ende.
b. Schreibe jeweils drei Beispielwörter dazu.

Die meisten Wörter mit einem **lang gesprochenen i** werden im Deutschen

____, zum Beispiel:

__________________ __________________ __________________

/4 Punkte

Nur in wenigen Wörtern folgt nach dem **lang gesprochenen i** kein _____, zum Beispiel:

__________________ __________________ __________________

/4 Punkte

2 **a.** Schreibe passende Wörter vom Rand in die Lücken.
b. Markiere jeweils das **ie** mit Blau.

/4 Punkte

Die ______________ für die Wohnung ist uns zu hoch.

Am __________________ haben wir schulfrei.

Wir werden das Spiel nicht ____________________ .

Ich werde dir zum Geburtstag einen ____________ schreiben.

Wörter mit ie
verlieren
die Miete
der Dienstag
der Brief

3 **a.** Schreibe passende Wörter vom Rand in die Lücken.
b. Markiere jeweils das **i** mit Rot.

/5 Punkte

Die __________________ muss repariert werden.

Ich kann den ________________ beim Arzt leider nicht einhalten.

„____________ mir bitte die __________________“, bat mein Bruder.

„Ich möchte gerne ein kleines __________________ haben“, bettelte Steffi.

Wörter mit i
das Kaninchen
gib
die Margarine
der Termin
die Maschine

4 In dem Aquarium schwimmt ein Fehlerwort. Finde es heraus.
Streiche es durch und schreibe es richtig unter das Aquarium.

/2 Punkte

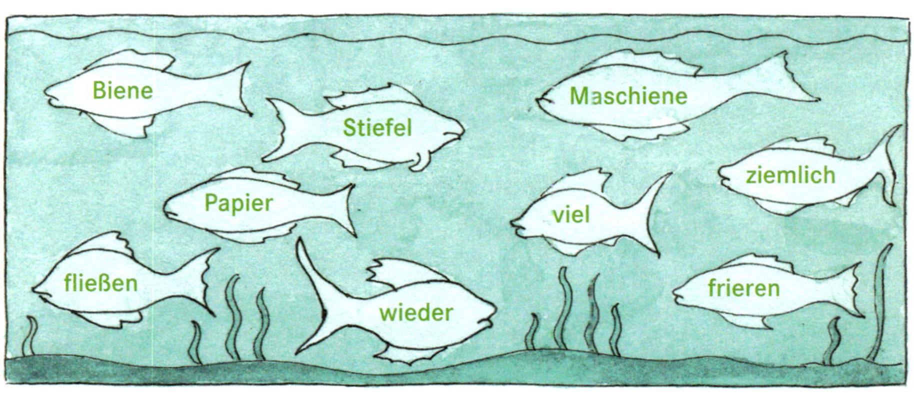

Achtung: Fehler!

Das Wort __________________ wird ohne **e** nach dem **i** geschrieben.

Gesamtpunktzahl: /19 Punkte

Wörter mit Doppelkonsonanten

~~Mutter~~ ~~schwimmen~~ Pfanne ~~still~~ spinnen appetitlich brennen
~~dann~~ wetten stellen schaffen Fluss Stimme bitten schnappen
Teppich klappen hoffen Keller passen Mittag Treppe Schloss
Pfiff Nummer Kasse wann brummen denn Brille bitter
Flamme offen Koffer nass schleppen dumm Gruppe sammeln
Sonntag trennen wenn retten hatten Kanne Fett sollen
erkennen Grill treffen passieren Tablette Grippe Himmel
Wolle Pfeffer betteln kippen gaffen rennen Schluss nennen

1 Sortiere die Wörter in die Container des Lastwagens.
Ergänze bei den Nomen die Artikel.

Nomen: die Mutter, ______

Verben: schwimmen, ______

Adjektive: still, ______

Sonstige: dann, ______

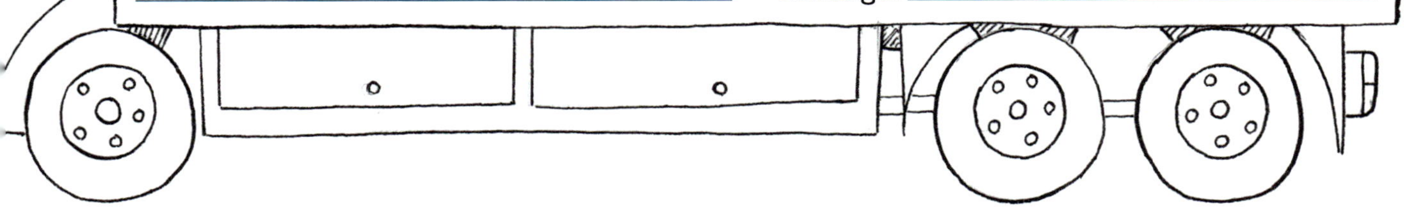

2 **a.** Notiere alle Doppelkonsonanten, die in Aufgabe 1 vorkommen.
b. Schreibe Beispiele dazu – jeweils ein Nomen und ein Verb.

tt die Mutter wetten

3 Welche fünf Buchstaben stehen immer vor den Doppelkonsonanten? Schreibe diese Buchstaben auf die Linien.

_____ _____ _____ _____ und _____ sind **Vokale**.

4 Wie wird der Buchstabe vor einem Doppelkonsonanten ausgesprochen? Kreuze an.

	richtig	falsch
Der Vokal vor dem Doppelkonsonanten wird betont und kurz gesprochen.	☐	☐
Der Vokal vor dem Doppelkonsonanten wird betont und lang gesprochen.	☐	☐

5 Markiere im folgenden Text die Wörter mit Doppelkonsonanten.

Steffi und Conny haben endlich Sommerferien

Heute beginnen die Sommerferien. Steffi und Conny wollen ins Freibad und rennen zu ihren Rädern. Keine Wolke ist am Himmel und die Sonne scheint mit voller Kraft. Zum Glück haben sie jeder eine Kappe auf dem Kopf und eine Sonnenbrille auf der Nase. Sie fahren schnell, damit ihnen der Fahrtwind Kühlung verschafft. An der Eisdiele machen sie wie immer einen Zwischenstopp. Sie bestellen: „Vanille-Nuss" und „Stracciatella-Pfefferminz". Bei dem Wetter brauchen sie beide doppelte Portionen.

6 a. Schreibe den Text unten auf die Linien.
b. Markiere die kurzen Vokale vor den Doppelkonsonanten mit einem Punkt darüber.
c. Markiere die Doppelkonsonanten farbig.

Steffi und Conny haben endlich Sommerferien

Heute beginnen die Sommerferien. Steffi und Conny wollen

Z Weiterführendes

Eine besondere Pluralbildung: die Freundin – die Freundinnen!

1 Schreibe den Plural zu den folgenden Nomen auf.

die Verkäuferin *die Verkäuferinnen* die Nachbarin ____

die Polizistin ____ die Passantin ____

die Ärztin ____ die Künstlerin ____

Für diese Verben gilt:
Einmal Doppelkonsonant – immer Doppelkonsonant.

2 Ergänze die Reihen.

Infinitiv	Präsens	Präteritum
kippen	ich *kippe*	ich *kippte*
müssen	ich	ich
sollen	ich	ich

Infinitiv	Präsens	Präteritum
hoffen	ich	ich
küssen	ich	ich
bellen	ich	ich
stellen	ich	ich

Achtung! Bei diesen Verben ändert sich der Vokal im Präteritum.
Zum Beispiel: es brennt – es brannte. Aus e wird a.

3 Ergänze die Reihen.

Infinitiv	Präsens	Präteritum
	ich schwimme	ich
	ich gewinne	ich

Infinitiv	Präsens	Präteritum
	sie nennt	sie
	ich renne	ich
	er erkennt	er

4 **a.** Ergänze die folgenden Sätze mit Verben aus den Aufgaben 2 und 3.
b. Schreibe in die Klammer nach dem Satz den Infinitiv dazu.
c. Schreibe die Sätze in dein Heft.

Mark ____ bei einem Preisausschreiben. (____)

Voller Angst ____ er vorhin um sein Leben. (____)

Als Pia viel trainierte, ____ sie sehr schnell. (____)

Als die Feuerwehr kam, ____ nur das Dach. (____)

Ich habe keine Zeit, ich ____ noch lernen. (____)

Das kann ich! – Wörter mit Doppelkonsonanten

Punkte

1 Schreibe zu jedem Doppelkonsonanten ein Beispielwort auf. /7 Punkte

ff ____________ ll ____________ mm ____________

nn ____________ pp ____________ ss ____________

tt ____________

2 Schreibe die fünf Buchstaben auf,
die meist vor den Doppelkonsonanten stehen. /5 Punkte

____ ____ ____ ____ ____

3 Ergänze die folgende Regel. /2 Punkte

Vor einem Doppelkonsonanten steht immer ein ____________, betonter ____________.

4 Schreibe den Plural zu den folgenden Nomen auf. /4 Punkte

die Ärztin ____________ die Sportlerin ____________

die Arbeiterin ____________ die Fahrerin ____________

5 Ergänze das Präsens und das Präteritum. /8 Punkte

Infinitiv	Präsens	Präteritum
brennen	ich ____________	ich ____________
gewinnen	ich ____________	ich ____________
schwimmen	ich ____________	ich ____________
müssen	ich ____________	ich ____________

6 **a.** In den folgenden Sätzen gibt es fünf Fehlerwörter.
Markiere sie und schreibe sie richtig auf die Linien. /5 Punkte
b. Schreibe die Sätze in dein Heft.

Achtung: Fehler!

Sie muste die Prüfung leider wiederholen. ____________

Wan bekommen wir die Arbeit zurück? ____________

Pia gewan bei einem Preisausschreiben. ____________

Die Patientinen mussten leider sehr lange warten. ____________

Unsere Hausnumer 1 ist leicht zu behalten. ____________

Gesamtpunktzahl: /31 Punkte

Wörter mit ß und ss

Nur wenige Wörter werden im Deutschen immer mit **ß** geschrieben. Vor dem **ß** steht immer ein **lang gesprochener Vokal** (**a**, **e**, **i**, **ie**, **o**, **u**, **ä**, **ö**, **ü**) oder ein Zwielaut (**ei**, **au**, **äu**, **eu**).

~~der Strauß,~~ groß, die Straße, weiß, draußen, fleißig, stoßen, der Fuß, die Soße, der Gruß, grüßen, der Spaß, bloß, außen, dreißig, heißen

1 **a.** Ordne die Wörter vom Rand in die folgende Tabelle ein.
b. Sprich die Wörter langsam und deutlich.
Markiere den lang gesprochenen Vokal vor dem **ß** mit Blau.

Nomen	Verben	Adjektive	sonstige Wörter
der Strauß			

2 **a.** Ergänze die Pluralformen zu den folgenden Nomen.
b. Markiere das **ß** rot.
c. Schreibe mit jedem Wort einen Satz in dein Heft.

die Straße, die Straßen ______ die Soße, die ______ der Spaß, die ______

der Fuß, die ______ der Gruß, die ______ der Strauß, die ______

3 **a.** Steigere die folgenden Adjektive mit **ß.**
b. Markiere das **ß** rot.
c. Schreibe mit jedem Wort einen Satz in dein Heft.

groß größer ______ am ______

fleißig ______ ______

süß ______ ______

4 Ergänze die 1. Person Singular im Präsens und im Präteritum.
Zwei schwierige Formen findest du am Rand.

stieß
hieß

Infinitiv	1. Person Präsens	1. Person Präteritum
heißen	ich ______	ich ______
stoßen	ich ______	ich ______
grüßen	ich ______	ich ______

5 **a.** Markiere im folgenden Text alle Wörter mit **ß**.
b. Schreibe die unterstrichenen Wörter in dein Heft.

Hallo, Paul,

kommst du mich bald besuchen? Ich wohne in der Schillerstraße dreißig. Es ist das große weiße Haus an der Ecke, wo die Straße auf die Hauptstraße stößt. Das ist für dich zu Fuß nicht weit. Wir könnten erst fleißig Mathe üben und dann draußen mit unserem Hund Spaß haben. Er heißt Bruno und ist noch ganz klein und süß. Aber versäume bloß nicht, meiner Mutter einen kleinen Strauß Blumen mitzubringen. Sonst macht sie uns ihren leckeren Apfelstrudel mit heißer Vanillesoße vielleicht nicht.

Viele Grüße, Fred

Straße – mal hinten – mal vorn
das Land + die **Straße** = die Land**straße**
die **Straße** + die Kreuzung = die **Straßen**kreuzung

6 Bilde zusammengesetzte Nomen und schreibe sie mit Artikeln auf.
Tipp: Bei einigen Wörtern musst du Buchstaben einfügen.

das Haupt das Spiel die Milch der Verkehr das Geschäft die Ameise	+	**die Straße**	=	*die Hauptstraße* ______ ______	______ ______ ______
die Straße	+	der Graben die Seite das Schild der Lärm der Bau der Rand	=	*der Straßengraben* ______ ______	______ ______ ______

7 **a.** Markiere im Text alle Wörter mit **ß**.
b. Schreibe den Text in dein Heft. Markiere dabei jedes **ß** mit Rot.

Beinahe ein Zusammenstoß

Malin fuhr freihändig mit dem Rad durch die Spielstraße und aß dabei ein Eis. An der Kreuzung mit der Hauptstraße übersah sie das Stoppschild und vergaß zu bremsen. Gerade noch rechtzeitig konnte sie einem großen weißen Auto ausweichen, das von rechts kam und bremste. Sie fuhr in den Straßengraben. Der Fahrer stieß die Tür auf und lief zu Malin. Nach einer Weile ließ er sie unverletzt weitergehen. Der Spaß am Radfahren war ihr für heute vergangen. Malin dachte: „Wie konnte ich bloß so unaufmerksam sein?“

Z Weiterführendes:
Der Wechsel von ß zu ss bei Verben

Bei den Verben **schließen, fließen, reißen, schießen, gießen** und **beißen** gibt es **im Präteritum** einen **Wechsel** von **ß** zu **ss**. Der **Vokal** vor dem **ss** wird **kurz** gesprochen.

1 **a.** Ergänze jeweils die passende Verbform im Präteritum.
b. Lies die Verbreihen. Achte auf den **kurzen Vokal** im Präteritum.

~~schloss~~
goss
schoss
biss
floss

Infinitiv	Präsens	Präteritum
schließen	ich schließe	ich schloss
fließen	es fließt	es ______
schießen	ich schieße	ich ______
beißen	er beißt	er ______
gießen	ich gieße	ich ______

Der Wechsel von ss zu ß bei Verben

Bei den Verben **essen, lassen** und **vergessen** gibt es **im Präteritum** einen **Wechsel** von **ss** zu **ß**. Der **Vokal** vor dem **ß** wird **lang** gesprochen.

2 **a.** Ergänze jeweils die passende Verbform im Präteritum.
b. Lies die Verbreihen. Achte auf den **langen Vokal** im Präteritum.

vergaß
aß
ließ

Infinitiv	Präsens	Präteritum
essen	ich esse	ich ______
lassen	ich lasse	ich ______
vergessen	ich vergesse	ich ______

3 **a.** Schreibe passende Verben aus den Aufgaben 1 und 2 in die Lücken.
b. Schreibe die Sätze in dein Heft.
Markiere jedes **ss** mit Blau und jedes **ß** mit Rot.

Das passiert heute! (Präsens)	Das passierte gestern! (Präteritum)
Ich esse eine leckere Bratwurst.	Ich aß eine leckere Bratwurst.
Der Hund ______ in den Knochen.	Der Hund ______ in den Knochen.
Melanie ______ die Tür offen.	Melanie ______ die Tür offen.
Jan ______ sein Lesebuch.	Jan ______ sein Lesebuch.

Das kann ich! – Wörter mit ß und ss

Punkte

1 Ergänze die folgenden zwei Merksätze. ___ /2 Punkte

Vor einem **ß** steht immer ein ______________________ Vokal.

Vor einem **ss** steht immer ein ______________________ Vokal.

2 **a.** Ergänze die Pluralformen zu den folgenden Nomen. ___ /4 Punkte
b. Markiere das **ß** rot.

der Gruß die ______________________

der Fuß die ______________________

der Spaß die ______________________

die Straße die ______________________

3 **a.** Steigere die folgenden Adjektive mit **ß**. ___ /6 Punkte
b. Markiere das **ß** rot.

groß ______________________ ______________________

süß ______________________ ______________________

fleißig ______________________ ______________________

4 Bilde zusammengesetzte Nomen und schreibe sie mit Artikeln auf. ___ /8 Punkte
Tipp: Prüfe, ob du beim Zusammensetzen Buchstaben einfügen musst.

die Straße + ______________________ = ______________________

______________________ + die Straße = ______________________

______________________ + die Straße = ______________________

die Straße + ______________________ = ______________________

5 Ergänze in den Sätzen passende Verbformen im Präteritum. ___ /6 Punkte
Verwende die Verben vom Rand.

fließen
beißen
essen
schließen
vergessen
lassen

Das Regenwasser ______________ in den Gully.

Gestern Abend ______________ ich mit meinem Freund eine Pizza.

Mit großem Appetit ______________ ich sofort ein großes Stück ab.

Heute Morgen ______________ mich der Bus an der Haltestelle einfach stehen.

Jan ______________ die Haustür zu.

Ich ______________ meine Tasche und musste sie noch holen.

Gesamtpunktzahl: ___ /26 Punkte

dass-Sätze

Nach Verben des Sagens, Denkens und Meinens folgen oft **dass**-Sätze.
Der **dass**-Satz wird durch **Komma** vom Hauptsatz abgetrennt.
Ich glaube, dass ich gewinne.

1 Kreise **dass** ein und setze das Komma.

Ich hoffe , (dass) du bald kommst.

Wir wissen bestimmt dass es diesmal klappen wird.

Ich freue mich sehr dass ich wieder gesund und fit bin.

Sie hofft dass der Regen bald aufhört.

Es tut mir leid dass ich die Fahrkarte vergessen habe.

2 Schreibe eigene **dass**-Sätze. Nutze dabei die Satzanfänge vom Rand.
Markiere das Komma mit Blau und kreise **dass** ein.

Ich weiß, (dass) ______

______

______

______

______

~~Ich weiß, dass …~~
Wir denken, dass …
Er meint, dass …
Sie wünscht, dass …
Es tat ihr leid, dass …

3 Schreibe eigene **dass**-Sätze mit den Verben vom Rand.

______

______

______

______

feststellen
behaupten
glauben

4 Besonders häufig kommen **dass**-Sätze in Briefen vor.
a. Schreibe den folgenden Brief in dein Heft.
b. Markiere die Kommas vor **dass** mit Blau und kreise **dass** ein.

Liebe Olga!

Ich sende dir herzliche Grüße aus Berlin.
Ich war schon ein bisschen enttäuscht, dass du mich am Montagnachmittag nicht besucht hast. Ich glaube, dass wir viel Spaß und Freude gehabt hätten. Nun hoffe ich, dass du mich am Sonntag besuchen wirst. Bei gutem Wetter könnten wir ins Freibad gehen. Du weißt doch, dass ich gerne schwimme. Melde dich bitte!
Ich wünsche mir sehr, dass du kommst.

Deine Petra

5 Schreibe selbst einen Brief, in dem mindestens drei **dass**-Sätze vorkommen.

Ich habe mich gefreut, dass ... Ich finde, dass ... Ich glaube, dass ... Ich hoffe, dass ... Ich wünsche mir, dass ...

Das kann ich! – dass-Sätze

Punkte

1 Schreibe den folgenden Merksatz zu Ende. /2 Punkte

Der ______________ wird durch __________ vom Hauptsatz getrennt.

2 Ergänze die folgenden **dass**-Sätze. Denke an das Komma. /6 Punkte

Er behauptete ☐ _________ ich beim Nachbarn abschrieb.

Ich weiß ☐ _________ ich mich mehr anstrengen muss.

Es tut mir leid ☐ _________ ich dich beleidigt habe.

3 Ergänze passende Satzanfänge. Denke an das Komma. /6 Punkte

______________________________ ☐ dass ich das Spiel gewinnen werde.

______________________________ ☐ dass ich zu spät komme.

______________________________ ☐ dass du mir vertrauen kannst.

4 Schreibe **dass**-Sätze mit den Wörtern vom Rand. Denke an das Komma. /6 Punkte

sich wünschen
finden
denken

____

____

____

5 Der Brief enthält zwei Rechtschreib- und zwei Zeichensetzungsfehler. /4 Punkte

a. Ergänze die Kommas im Text.
b. Streiche die falsch geschriebenen Wörter durch.
c. Schreibe den Text in dein Heft. Markiere die verbesserten Stellen.

Liebe Susanne!

Ich sende dir herzliche Grüße aus Soest. Ich war schon ein bisschen enttäuscht, das du mich letztes Wochenende nicht besuchen konntest. Ich glaube dass wir viel Spaß und Freude gehabt hätten. Ich hoffe nun, dass du mich in den Ferien besuchst. Ich wünsche mir sehr das du kommst.

Deine Tina

Achtung: Fehler!

Gesamtpunktzahl: /24 Punkte

Zeichensetzung

Satzschlusszeichen

Nach einem **Aussagesatz** steht ein **Punkt**: Unsere Klasse ist klasse.
Nach einem **Fragesatz** steht ein **Fragezeichen**: Wer hat eine interessante Idee?
Nach einem **Ausrufe- oder Befehlssatz** steht ein Ausrufezeichen: Gib mir den roten Hut!

1 Setze die richtigen Satzschlusszeichen.

Wo sind die Getränke ☐ Wir brauchen noch Gläser ☐ Kommt bloß nicht zu spät ☐

Wörtliche Rede

Eine **wörtliche Rede** steht immer in **Anführungszeichen („…“).**
Steht der **Begleitsatz vorn**, folgt ein **Doppelpunkt**.
Steht der **Begleitsatz hinten**, steht immer ein **Komma** davor.

Die Lehrerin sagte: „Setzt euch bitte auf eure Plätze.“
Begleitsatz — wörtliche Rede

„Setzt euch bitte auf eure Plätze“, sagte die Lehrerin.
wörtliche Rede — Begleitsatz

2 **a.** Ergänze jeweils einen Begleitsatz zu der wörtlichen Rede.
b. Setze die Anführungszeichen und Komma oder Doppelpunkt.

____________________ ☐ ☐ Ich mag dich. ☐
Begleitsatz — wörtliche Rede

☐ Komm bloß nicht zu spät! ☐ ☐ ____________________
wörtliche Rede — Begleitsatz

____________________ ☐ ☐ Wann treffen wir uns? ☐
Begleitsatz — wörtliche Rede

Komma bei Anrede und Ausruf

Anrede und **Ausruf** werden vom Satz durch **Komma** abgetrennt.

Paul, ich mag dich. **Toll**, endlich bist du da!
Anrede — Ausruf

3 Ergänze Anreden und Ausrufe. Denke an das Komma.

________________ __ ich freue mich über deinen Besuch.
Anrede

________________ __ ich ertrinke!
Ausruf

________________ __ komm her!
Anrede

________________ __ diese Hitze halte ich nicht mehr aus!
Ausruf

Komma bei Aufzählung

> Die Wörter einer **Aufzählung** trennt man durch Kommas voneinander.
> Ausnahme: Kein Komma vor **und**:
> **Jakob, Julian, Djengis und Werner spielen zusammen Fußball.**

4 **a.** Setze die fehlenden Kommas in den folgenden Aufzählungen.
b. Welche der Wortarten vom Rand wird jeweils aufgezählt?
Schreibe die Antworten rechts auf die Linien.

Nomen (2x)
Verben
Adjektive

Ich esse gerne Äpfel Bananen und Weintrauben. ____________

Paul Inga und Steffi gehen gemeinsam zur Schule. ____________

Im Garten blühen gelbe rote weiße und blaue Blumen. ____________

Wir werden im Urlaub faulenzen baden und bummeln. ____________

5 Schreibe Sätze, in denen jeweils eine Wortart aufgezählt wird:
einmal Nomen, einmal Verben und einmal Adjektive.
Denke an das Komma.

Ich trinke ...
Wir wollen ...
Wir kennen ...

____

____

____

Eine Aufzählung kann auch aus Wortgruppen bestehen.

6 Setze in den folgenden Aufzählungen die fehlenden Kommas.
Beachte dabei, welche Wörter zu einer Wortgruppe gehören.

Heute gab es bei uns einen leckeren Braten verschiedene Salate und eine süße Nachspeise.

In den Ferien werde ich ins Freibad gehen eine Radtour machen und Fußball spielen.

Zwanzig Autos drei Lastwagen und fünf Motorräder standen mittags auf dem Parkplatz.

7 **a.** Schreibe die Sätze aus Aufgabe 6 ab. Denke an die Kommas.
b. Markiere die Kommas.

Heute gab es bei uns einen leckeren Braten, verschiedene

____

____

____

____

____

____

____

Z Weiterführendes:
Komma bei Sätzen mit als, weil und wenn

Beginnt ein Satz mit **als**, folgt häufig etwas später ein **Komma**.
Das **Komma** steht **zwischen zwei Verben**.
Als ich dich **sah, freute** ich mich sehr.
Verb Verb

1 **a.** Kreise in den folgenden Sätzen das **als** ein.
b. Setze das Komma zwischen die Verben.
c. Markiere die beiden Verben – jedes einzeln.

(Als) ich den Schulhof betrat, klingelte es bereits.

Als ich nach Hause kam hatte ich großen Hunger.

Als wir uns endlich trafen war es schon später Abend.

Als er nach draußen ging begann es zu regnen.

Wenn ein Satz mit **weil** oder **wenn** beginnt, folgt häufig etwas später ein **Komma**. Das **Komma** steht **zwischen zwei Verben**.
Wenn ich zu schnell **trinke, verschlucke** ich mich.
Verb Verb

2 **a.** Kreise in den folgenden Sätzen die Wörter **weil** oder **wenn** ein.
b. Setze das Komma zwischen die Verben.
c. Markiere die beiden Verben – jedes einzeln.

Weil es schon spät ist gehe ich jetzt nach Hause.

Wenn ich Ferien habe schlafe ich morgens länger.

Weil der Bus nicht kam fuhr ich mit dem Fahrrad zur Schule.

Wenn wir das Endspiel gewinnen feiern wir ein Fest.

3 **a.** Schreibe die Sätze aus Aufgabe 2 ab. Denke an das Komma.
b. Kreise die Wörter **weil** oder **wenn** ein.
Markiere die beiden Verben – jedes einzeln.

(Weil) es schon spät ist, gehe ich jetzt nach Hause.

Das kann ich! – Zeichensetzung

1 a. Ergänze die folgenden Merksätze.
b. Schreibe die passenden Satzzeichen auf die Kästchen.
Tipp: Ein Satzzeichen kommt zweimal vor.

? „…“ , ! . :

- Nach einem **Aussagesatz** steht ein ______________.
- Nach einem **Fragesatz** steht ein ______________.
- Nach einem **Ausrufe-** oder **Befehlssatz** steht ein ______________.
- Am Anfang und Schluss einer **wörtlichen Rede** stehen ______________.
- Nach dem **Begleitsatz** vor einer wörtlichen Rede steht ein ______________.
- Eine **Anrede** oder ein **Ausruf** werden vom Satz durch ein ______________ abgetrennt.
- Steht der **Begleitsatz hinter** der wörtlichen Rede, steht immer ein ______________ **vor** dem **Begleitsatz**.

Funkte: /4 Punkte

2 Setze die fehlenden Satzzeichen.

Er fragte: Wo findet das Spiel statt “

Wir werden auf dich warten“ versprachen meine Freunde.

„Paul komm sofort zurück “, befahl der Klassenlehrer.

Meine Lehrerin sagte „Wir werden morgen einen Ausflug machen.

/8 Punkte

3 Ergänze zu dem folgenden Satzbild die Kommaregel.

Als ▬▬▬▬▬ sah , freute ▬▬▬▬▬ .
Verb Verb

Beginnt ein Satz mit ______________, folgt häufig etwas später ein ______________.

Das ______________ steht zwischen ______________ ______________.

/4 Punkte

4 Setze die fehlenden Kommas.

Wenn ich 18 Jahre alt bin mache ich meinen Führerschein.

Weil wir bummelten kamen wir zu spät.

Als du endlich kamst war das Spiel bereits vorbei.

Weil ich Fieber habe liege ich im Bett.

/4 Punkte

Gesamtpunktzahl: /30 Punkte

Wortart: Nomen

Nomen bezeichnen Lebewesen (Menschen, Tiere, Pflanzen), Gegenstände und gedachte oder vorgestellte Dinge.
Nomen schreibt man im Deutschen immer **groß**.

Mareike berichtet in einer Mail über ihren Besuch im Sportstadion.

Hallo, Jule!

Das Wochenende war toll! Als ein echter **Fan** hatte ich natürlich eine **Fahne** dabei. Das Stadion hat gekocht, wie immer. Zunächst verging die Zeit zwar torlos, aber spannend war es trotzdem. Die Mannschaft war nervös, aber der Gegner konnte das nicht ausnutzen. Bevor die Pause begann, verletzte sich noch ein **Stürmer** und die Hand musste behandelt werden. Da der Arzt das gleich wieder hinbekam, konnte er noch die halbe Minute weiterspielen. Das zweite Drittel begann gleich besser. Das Glück blieb uns also treu. Es dauerte nicht lange und der Puck ging endlich in das Netz. Die Halle bebte und wir jubelten. Das Team spielte nun wie entfesselt und der Spielstand erhöhte sich schnell auf ein unglaubliches 4:0. Dann wurde unser **Tor** angegriffen, aber der Torwart hielt sicher. Es war echt super.

Viele Grüße von Mareike

1 **a.** Worüber berichtet Mareike? Mareike berichtet über ______________________.

b. Sortiere die Nomen.
Schreibe sie mit den bestimmten Artikeln (**der**, **das**, **die**) auf.

Lebewesen		Gegenstände		gedachte und vorgestellte Dinge	
der	*Fan*	*die*	*Fahne*	*das*	*Wochenende*
____	____________	____	____________	____	____________
____	____________	____	____________	____	____________
____	____________	____	____________	____	____________
____	____________	____	____________	____	____________
____	____________	____	____________	____	____________
____	____________	____	____________	____	____________

2 **a.** Wähle eine der Sportarten vom Rand aus.
b. Schreibe Nomen zu der Sportart auf einen Zettel.
c. Lege eine Tabelle wie in Aufgabe 1 in deinem Heft an.
Sortiere die Nomen mit Artikeln in die Tabelle.

Basketball, Turnen, Schwimmen, Laufen, Fußball, Eiskunstlauf

Vor einem **Nomen** steht oft ein **bestimmter Artikel** (der, das, die) oder ein **unbestimmter Artikel** (ein, ein, eine).

3 **a.** Kennst du die Sportgeräte vom Rand?
Sortiere sie nach ihren Artikeln in eine Tabelle in deinem Heft.
b. Ergänze weitere Sportgeräte, die du kennst.

Starthilfe

der / ein	das / ein	die / eine
der / ein Ski ...	das / ein Fahrrad ...	die / eine Keule ...

Keule, Fahrrad, Laufbahn, Ski, Reifen, Trampolin, Schlitten, Bob, Sprunggrube, Tor, Kletterwand, Roller, Skateboard, Kugel, Seil

Max erzählt von einem spannenden Spiel seiner Mannschaft.

Wir hatten gerade den Ausgleich erzielt, da rannte plötzlich von links der gegnerische Stürmer auf mein Tor zu. Als Torwart hat man immer Angst, dass man gleich hinter sich ins Netz greifen muss. Der Ball schoss knapp an mir vorbei und rollte dann zum Glück über die Linie zur Eckfahne. Vielleicht bin ich auch noch mit dem Handschuh dran gewesen. Mein Vater, meine Mutter, unser Trainer, seine Freundin und noch ein Mädchen standen direkt daneben, aber keiner hat etwas gesehen. Die haben alle nur nach einem Vogel geschaut oder waren mit Eis, Popcorn oder einem Getränk beschäftigt. Jedenfalls weiß ich nicht, ob ich die Niederlage verhindert habe oder ob es nur ein Fehlschuss war. Vielleicht hat die Fotografin etwas gesehen. Nach dem Abpfiff habe ich meine Hose und das Trikot in die Wäsche abgegeben. Nur meine Kappe nehme ich immer selbst mit.

4 **a.** Wovon erzählt Max? Max erzählt von ______________________.
b. Markiere alle Nomen im Text.
c. Sortiere die Nomen in die folgende Tabelle.
Schreibe sie mit bestimmten und mit unbestimmten Artikeln in die Tabelle.

Lebewesen	Gegenstände	gedachte und vorgestellte Dinge
der/ein Stürmer	das/ein Tor	der/ein Ausgleich

Z Weiterführendes: Zusammengesetzte Nomen

Aus zwei Nomen kann man ein **zusammengesetztes Nomen** bilden.
Werden zwei Nomen zusammengesetzt,
richtet sich der Artikel nach dem zweiten Nomen:
das Gift + die Schlange = die Giftschlange

5 **a.** Bilde zusammengesetzte Nomen mit **Ball** als zweitem Wort. Schreibe sie mit Artikeln (der, das, die) auf.
b. Schreibe drei eigene Beispiele für zusammengesetzte Nomen mit Artikeln auf.

das Spiel	die Medizin	das Wasser	+	der Ball
das Tennis	der Korb	der Gummi		

der Spielball, ______

______

______

6 Bilde sieben zusammengesetzte Nomen mit **Ball** als erstem Wort. Schreibe sie mit Artikeln (der, das, die) auf.

der Ball	+	der Sport	das Spiel	die Pumpe
		der Junge	das Netz	die Führung
		der Wagen		

der Ballsport, ______

______

Manchmal wird in der Mitte ein **s** eingefügt:
das Glück + der Tag = der Glück**s**tag
Manchmal wird in der Mitte ein **n** eingefügt:
die Schlange + der Kopf = der Schlange**n**kopf

W **7** **a.** Schreibe möglichst viele zusammengesetzte Nomen in dein Heft. Verwende dabei die Nomen vom Rand. Denke an die Artikel.
b. Markiere eingefügte Buchstaben (**s** oder **n**).

Starthilfe
Zusammengesetzte Nomen
der Trainingsball, die Trainingshose, …

Training, Saft, Leder, Glas, Brot, Hose, Schule, Ball, Arbeit, Fuß, Tisch, Klasse, Tasche, Flasche, Scheibe, Bein

Das kann ich! – Nomen

Punkte

1 Schreibe die Nomen mit den passenden Artikeln auf. /8 Punkte

bestimmter Artikel der, das, die + Nomen		unbestimmter Artikel ein, ein, eine + Nomen	
das	Rennpferd	ein	Rennpferd

~~Rennpferd~~
Entscheidung
Schal
Pflaster
Bratwurst
Anlauf
Sportlerin
Finale
Läufer

2 Sortiere die Nomen aus Aufgabe 1 in die Tabelle. /9 Punkte
Schreibe sie mit den bestimmten Artikeln (der, das die) auf.

Lebewesen		Gegenstände		gedachte und vorgestellte Dinge	

3 Kreuze die richtige Aussage an. /1 Punkt

Bei zusammengesetzten Nomen richtet sich der Artikel immer
☐ nach dem ersten Nomen. ☐ nach dem letzten Nomen.

4 Bilde sieben weitere zusammengesetzte Nomen mit Sport als erstem oder zweitem Wort. Verwende dazu die Nomen vom Rand. /7 Punkte
Schreibe die zusammengesetzten Nomen mit Artikeln (der, das, die) auf.

der	Leistungssport		

~~Leistung~~
Kleidung
Zeitung
Wasser
Winter
Ereignis
Reporterin
Ball

Gesamtpunktzahl: /25 Punkte

Wortart: Verb

Handlungen und Vorgänge drückt man mit Verben aus:
sagen, gehen, fahren, erleben, schlafen, müssen.
Diese **Grundform** nennt man **Infinitiv**.
Er hat die Endung **-en** oder **-n**.

1 **a.** Beschreibe die Tätigkeiten der Kinder.
Du kannst dafür die Verben vom Rand oder eigene Verben verwenden.
b. Bilde den Infinitiv der Verben und schreibe ihn rechts daneben.
c. Markiere die Endungen der Infinitive.

~~liest,~~ schaukelt, rennt, klettert, essen

Kevin liest ein Buch.	*lesen*

2 **a.** Markiere im folgenden Text weitere Verben.
b. Schreibe alle Verben im Infinitiv auf die Linien.

Marie schaukelt ganz hoch und lacht dabei. Sie ruft: „Ich fliege!“
Paul meint: „Aber falle bitte nicht.“ Er gibt ihr noch mehr Schwung.
„Wir gehen jetzt“, sagt Kevin und Tom fragt: „Kommt ihr auch?“
Aber Paul und Marie wollen nicht. Sie bleiben noch.

schaukeln,

Verben im **Präsens** verwendet man, um auszudrücken,
- was man **regelmäßig** tut: **Sie spielt jeden Tag mit ihrer Katze.**
  oder
- was man **jetzt** tut: **Sie spielt jetzt gerade mit ihrer Katze.**

Der Reporter vom Radio berichtet aus der neuen Schwimmhalle.

3 Ergänze den Text des Reporters mit den Verben vom Rand. Verwende dabei das Präsens.

Ich befinde mich in der neuen Schwimmhalle von Nussfeld. Der Bürgermeister __________ gerade die Eröffnungsrede. Hinter mir __________ sich das große Becken des neuen Wellenbades. Und etliche Badegäste __________ sich schon ungeduldig am Beckenrand. Jeder möchte zuerst ins Wasser springen. Alle __________ gespannt auf die Freigabe durch den Bürgermeister. Und jetzt, jetzt ist das Wellenbad offiziell eröffnet. Der Bürgermeister hat das Startsignal gegeben. Und meine lieben Hörerinnen und Hörer, Sie __________ es selber. Hinter mir __________ das Wasser und ich __________ __________ ins Studio.

~~befinden~~
spritzen
halten
drängen
befinden
zurückgeben
warten
hören

Marvin schwimmt sehr gerne und nutzt das neue Bad oft.

4 Ergänze Präsensformen.

Marvin geht regelmäßig ins Hallenbad.

Er __________ immer zehn Bahnen im 50-Meter-Becken.

Er __________ auch gern vom Dreimeterbrett.

Das neue Wellenbad __________ ihm jedes Mal sehr.

Oft __________ er einen Freund, dessen Beine gelähmt sind.

Gemeinsam __________ sie dann im Wasser.

~~gehen~~
schwimmen
springen
gefallen
begleiten
toben

5 **a.** Lies das Merkwissen oben auf dieser Seite.
b. Lies die Texte auf dieser Seite. Beantworte dabei folgende Fragen:
- Welcher Text beschreibt, was jemand **regelmäßig** tut?
- Welcher Text beschreibt, was jemand **jetzt** tut?

c. Ergänze die folgenden Aussagen.

Der Text zu Aufgabe 3 beschreibt, was die Menschen __________ tun.

Der Text zu Aufgabe 4 beschreibt, was Marvin __________ tut.

Bei vielen Verben bleibt im Präsens der **Verbstamm** gleich.
Es verändern sich nur die **Endungen**.
Sie richten sich nach der **Person**.

Auf einer Wanderung telefoniert Peter mit seiner Schwester Jana.

Hallo, Jana, Peter hier, ...
du, **ich** höre dich ganz schlecht. Verstehst **du** mich denn? Wieso willst du wissen, was Carlos macht? Jedenfalls fragt **er** nicht ständig nach dir. ... Wie? Hallo? ... Jetzt ist die Verbindung wieder besser. Hoffentlich bleibt **sie** so ...
Ja, uns geht **es** gut hier! **Wir** machen gerade Picknick, oben auf dem Gipfel. Toller Anblick! Und – sitzt **ihr** gerade im Garten? – Wie, unsere Eltern sind ausgeflogen? Und **sie** kommen nicht allein nach Hause? Mensch, das heißt ja sturmfreie Bude ...
Was? Wie? Hallo! Jana? – Na ja, jetzt ist die Verbindung ganz weg ...

Verbform	Infinitiv
ich *höre*	*hören*
du *verstehst*	
er	
sie	
es	
wir	
ihr	
sie	

6 **a.** Markiere die Verben zu den hervorgehobenen Personalpronomen.
b. Schreibe die markierten Verbformen in die Tabelle am Rand.
c. Markiere bei jeder Verbform die Endung.
d. Ergänze zu allen Verben den Infinitiv in der rechten Spalte.

7 Ergänze die Verben in den folgenden Sätzen mit den Endungen aus der Tabelle unter Aufgabe 6.

Ich steh___ gern. Du rede___ viel. Er reite___ schnell.

Eva lieb___ ihn. Es regne___ hier. Wir klingel___ laut.

Ihr finde___ das schon. Die Eltern arbeit___ beide.

8 Ergänze den Stamm-Baum am Rand.
- Schreibe auf den Stamm jeweils nur den Verbstamm.
- Schreibe die Endungen rechts daneben.
- Schreibe den Infinitiv in die Baumkrone.

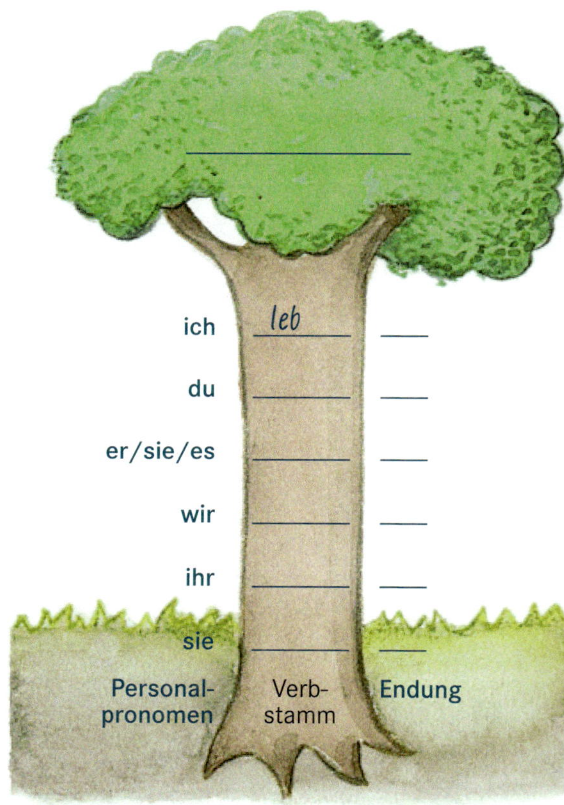

9 Zeichne zu den Verben aus Aufgabe 7 weitere Stamm-Bäume in dein Heft.

Bei einigen häufigen Verben ändert sich der Verbstamm im Präsens bei den Personen du und er/sie/es.

Z **10** **a.** Ergänze passende Präsensformen von **gefallen**, **essen** und **lassen**.
b. Markiere die sich ändernden Buchstaben im Verbstamm.

Ich gefalle, du *gefällst*, er ______________, wir ______________.

Ich esse, du ___________, sie (Eva) ___________, wir ______________.

Ich lasse, du ___________, es ___________, wir ______________.

Zusammengesetzte Verben stehen meist im Satz auseinander.
Infinitiv: einkaufen → im Satz: Er **kauft** Futter **ein**.

11 Ergänze die Sätze mit zusammengesetzten Verben vom Rand.

Yamal ____________ seit gestern ihr Matheheft nicht ______________.

Inga ____________ ihren Hund morgens und abends ____________.

ausführen
wiederfinden

12 **a.** Schreibe Sätze mit den zusammengesetzten Verben vom Rand.
b. Markiere die beiden Teile des zusammengesetzten Verbs.

Ich ziehe meine neue Jeans an.

~~anziehen~~
einkaufen
abbiegen
anrufen
zuhören

Streit auf dem Fußballplatz

Marvin flankt und Hamet stoppt den Ball mit der Brust ab. Er dribbelt und gibt den Ball ab zu Janek. Doch ein Abwehrspieler der anderen Mannschaft kommt an den Ball. Allerdings prallt der Ball von seinem Fuß ab. Er fliegt über die Auslinie. Einwurf. Hamet führt aus und Marvin nimmt den Ball an und schießt. Tor! Doch die andere Mannschaft protestiert. „Fehleinwurf!“, rufen sie, „das Tor gilt nicht!“ Marvin, Hamet und Janek streiten das ab. Man zankt sich und keiner spielt weiter. Endlich gibt Marvins Mannschaft nach. Das Spiel gewinnen sie trotzdem.

13 **a.** Finde sieben weitere zusammengesetzte Verben im Text.
Markiere beide Teile der zusammengesetzten Verben.
b. Schreibe die Infinitive der zusammengesetzten Verben auf.

abstoppen,

Bearbeite die folgende Aufgabe in deinem Heft.

14 **a.** Bilde zusammengesetzte Verben.
b. Schreibe zu jedem Verb einen Satz im Präsens auf, in dem die Teile des Verbs getrennt stehen.
c. Markiere die beiden Teile des Verbs in deinen Sätzen.

ab-, an-, vor-, um-, zu- + schreiben, geben, fahren, gehen, laufen, machen

Starthilfe
abschreiben: Ich schreibe nie ab.
abgeben: ...

Wenn man **schriftlich** über etwas berichtet oder erzählt, was schon vergangen ist, verwendet man das **Präteritum**.
Viele Verben bilden das Präteritum mit den folgenden Endungen:
Ich lern**te**, du lern**test**, er/sie/es lern**te**,
wir lern**ten**, ihr lern**tet**, sie lern**ten**.

Hallo, Eltern, Nussfeld, 29. 8. 2009

gestern **beobachteten** wir die Eröffnung des neuen Wellenbades. Erst **begrüßte** ein Reporter alle Gäste. Eine Band **spielte** Volksmusik. Während der Rede des Bürgermeisters hüpfte unsere Wasserratte Peter mit einem lauten Klatsch ins Becken. Das Wasser spritzte bis zum Rednerpult am Sprungturm. Der Bürgermeister guckte kurz überrascht, dann lächelte er, schälte sich aus dem Bademantel und sagte nur noch: „Hiermit erkläre ich das Wellenbad für eröffnet!" Dann donnerte er vom Einmeterbrett, krachte ins Wasser und erzeugte dabei eine meterhohe Fontäne. Alle lachten und klatschten Beifall. Ich will diesen Sprung lernen, damit ich später einmal Bürgermeister werden kann.

Viele Grüße
euer Kevin

15 **a.** Schreibe alle Verben im Präteritum aus dem Brief auf die Linien.
b. Schreibe jeweils den Infinitiv daneben.
c. Markiere die Endungen der Verben im Präteritum.

wir *beobachteten – beobachten*	er ______
er ______	er ______
sie ______	er ______
er ______	er ______
es ______	er ______
er ______	sie ______
er ______	sie ______

16 Markiere alle Verben im Präteritum.

Marvin wollte gestern wieder ins Wellenbad. Unterwegs passierte ein Missgeschick nach dem anderen. Erst stolperte er über seine Hose und erwischte dadurch einen Hundehaufen. Darauf verpasste er den Bus, während er die Schuhe säuberte. Der Ticketautomat schluckte dann noch sein Wechselgeld. Als er und sein Freund Hamet endlich badeten, dauerte es nicht lange, bis sie mit den Köpfen zusammenprallten. Marvins Nase blutete und er musste nach Hause.

17 **a.** Schreibe alle Präteritumformen von **kaufen** in dein Heft.
b. Markiere die Endungen.

Starthilfe
ich kaufte
du kauftest
er/sie/es ...

Bei einigen Verben ändert sich im **Präteritum** der Verbstamm:
finden: Sie **fanden** die Knollen in der Erde.
Manche Verben haben in der 1. und 3. Person Singular keine Endung:
ich **fand**, er/sie/es **fand**,
aber: du **fandest**, wir **fanden**, ihr **fandet**, sie **fanden**.

Orhans Gruppe hat einen Informationstext im Präsens geschrieben.

Der Nil und die Menschen

Vor etwa 9 000 Jahren beginnt auf der Erde eine Warmzeit*. Große Teile Nordafrikas werden allmählich zu Wüste. Einige Menschen verbringen trotzdem ihr Leben als Nomaden* in den trockenen Wüstengebieten. Die meisten Menschen ziehen jedoch als Bauern in das fruchtbare Land am Nil, das heutige Ägypten. Auch dort sehen sie kaum Wolken. Aber alljährlich kommt es in den tropischen Quellgebieten des Nils zu starken Regenfällen. Die darauf folgenden Überschwemmungen am Flusslauf hinterlassen Wasser und fruchtbaren Schlamm. Als Schutz vor großen Überschwemmungen erschaffen die Menschen Dämme und Kanäle. Die Pflanzungen auf höher gelegenen Feldern gießen sie mit einfachen Schöpfgeräten. So gibt es meistens gute Ernten. Die Überschüsse bringen sie in Speicher. So überstehen die Menschen schlechte Erntejahre.

* die Warmzeit: der Zeitraum zwischen zwei Eiszeiten

* Nomaden: Menschengruppen, die mit ihren Viehherden ein Wanderleben führen

Überschwemmung am Nil

18 **a.** Markiere die Verben im Text.
b. Schreibe die Verben zu den Personalpronomen auf die Linien.
c. Schreibe jeweils die Präteritumform auf die Linie daneben.
d. Markiere im Verbstamm der Präteritumform die veränderten Buchstaben.

erschufen

sie beginnt – begann　　sie ______ – ______
sie ______ – ______　　sie ______ – ______
sie ______ – ______　　sie ______ – ______
sie ______ – ______　　es ______ – ______
sie ______ – ______　　sie ______ – ______
es ______ – ______　　sie ______ – ______

Der Text könnte im Präteritum besser klingen – schließlich berichtet er von der Vergangenheit.

19 **a.** Schreibe den Text im Präteritum in dein Heft.
b. Markiere die Präteritumformen in deinem Text.
c. Präteritum oder Präsens? In welcher Zeitform würdest du den Text in der Schülerzeitung abdrucken? Begründe deine Entscheidung für die Redaktionssitzung.

Starthilfe
Der Nil und die Menschen
Vor etwa 9 000 Jahren begann auf der Erde …

Jana hat einen Text gefunden, der schon im Präteritum steht.

Entdeckungen der Phönizier*

Viele Entdeckungen der Frühzeit blieben unbekannt, weil die Entdecker schwiegen und das neue Land für sich eroberten. Phönizische Schiffe hatten den Befehl, sich eher zu versenken, als ihr Fahrtziel preiszugeben. Die erste Entdeckungsreise, von der wir wissen, führte um 1 500 v. Chr.* durch das Rote Meer zum sagenhaften Lande Punt. Die Schiffe brachten Gold, Edelsteine, Elfenbein und Ebenholz* von der Reise mit. Im 9. Jahrhundert v. Chr. gründeten die Phönizier die Stadt Karthago im heutigen Tunesien. Von hier aus beherrschten sie das westliche Mittelmeer und kontrollierten die Straße von Gibraltar*. Der griechische Geschichtsschreiber Herodot berichtete, dass die Phönizier um 600 v. Chr. auf einer dreijährigen Reise Afrika umsegelten. Diese Reise unterbrachen sie zweimal für je ein Halbjahr, um Getreide auszusäen und zu ernten. Quellen bezeugen auch zwei Seereisen der Karthager um 450 v. Chr.: Himilco segelte bis zu den Zinngruben im englischen Cornwall. Und Hanno fuhr die Westküste Afrikas entlang und kam bis zum Senegal. Den Senegal erreichten erst 2 000 Jahre später wieder portugiesische Seefahrer.

* die Phönizier: ein Handelsvolk im Mittelmeerraum vor ca. 3 000 Jahren

* v. Chr.: vor der Geburt von Jesus Christus im Jahre null

* das Ebenholz: ein fast schwarzes und sehr hartes Holz

* die Straße von Gibraltar: die Meerenge zwischen Spanien und Marokko, die Mittelmeer und Atlantik verbindet

20 Beantworte folgende Fragen in ganzen Sätzen.

a) Wann wurde das Land Punt entdeckt?

____

b) Wann wurde Karthago gegründet?

____

c) Wo fanden die Phönizier Zinn?

____

21 **a.** Markiere alle Präteritumformen im Text.
b. Markiere die sechs übrigen Verbformen in einer anderen Farbe.

22 Schreibe zu allen Präteritumformen aus dem Text die Präsensformen auf.

sie bleiben, ______________________________

____

____

____

23 Warum steht der Text im Präteritum und nicht im Präsens?
Begründe die Verwendung der Zeitform in einem Satz.

____

____

Das kann ich! – Verben

Punkte

1 Schreibe die Infinitive hinter die Verbformen. /6 Punkte

ich sah – ______________________ ihr nahmt an – ______________________

du läufst – ______________________ wir brachten – ______________________

er fuhr – ______________________ sie kamen – ______________________

2 Schreibe die Verbformen im Präsens in die Lücken. /4 Punkte

Peter __________ für die nächste Deutscharbeit. (üben)

Er __________ viele Schülerinnen und Schüler. (sehen)

Herr Fröhlich ______________ Spaß. (verstehen)

Du __________ der Katze jeden Tag Futter. (geben)

3 Markiere den Verbstamm. /5 Punkte

senden – gehen – warten – klettern – kaufen – hören

4 Markiere in dem Text die Verben im Präteritum. /6 Punkte

Wenn Marvin und sein Freund Hamet ins neue Wellenbad gehen, passiert meist etwas. Diesmal erwischte es Hamet. Sie liefen um die Wette zum Springerbecken, als Hamet mit dem linken Fuß ausrutschte. Er stieß sich sofort mit dem rechten Fuß ab und sprang schnell ins Wasser, um nicht auf die Fliesen zu fallen. Aber das linke Bein schrammte dabei über die Kante vom Becken. Und schon wieder gibt es Schrammen und blaue Flecken!

5 Welches zusammengesetzte Verb steht im Text von Aufgabe 4 getrennt? Schreibe den Infinitiv auf die Linie. /2 Punkte

____

6 Trage die fehlenden Verbformen in die Tabelle ein. /9 Punkte

Präsens	Präteritum	Infinitiv
ich	ich	gehen
du bringst	du	
er	er gab	
wir	wir	warten
ihr	ihr kamt	
sie rufen	sie	

Gesamtpunktzahl: /32 Punkte

Wortart: Adjektiv

Mit **Adjektiven** kann man Personen, Tiere oder Gegenstände genauer beschreiben:
eine **nette** Lehrerin, ein **großer** Hund, ein **langes** Kleid.

Henry hat seinen Rucksack verloren und ruft im Fundbüro an. Die Mitarbeiterin bittet ihn, den Rucksack zu beschreiben.

1 **a.** Beschreibe den Rucksack in ganzen Sätzen. Verwende dabei alle Adjektive vom Rand.
b. Markiere die Adjektive.

Der große Rucksack ist blau mit schmalen roten Streifen.

~~rot~~, ~~blau~~, bunt, gelb, grün, schwarz, weiß, rund, rechteckig, lang, kurz, ~~groß~~, regendicht, links, fest, klein, ~~schmal~~

2 Markiere in dem folgenden Text alle zehn Adjektive.

Vor einer Woche habe ich meinen neuen Rucksack verloren. Du weißt, den tollen grünen Daypack mit den schmalen gelben Streifen. Der netten Frau im Fundbüro musste ich den Rucksack genau beschreiben. Und stell dir vor, jemand hat mein gutes Stück gefunden und abgegeben. Jetzt will ich mich bei der ehrlichen Finderin bedanken. Soll ich für sie eine gute Schokolade kaufen oder eine schöne Blume? Was meinst du?

3 Was ist das? – Es ist klein, rund, bunt, lecker ... – Ein Ratespiel!
a. Suche dir einen Gegenstand für das Ratespiel aus.
b. Beschreibe den Gegenstand in deinem Heft mit Adjektiven.
c. Notiere die richtige Antwort oder merke sie dir.
Tipp: Ihr könnt eure Beschreibungen in der Klasse vorlesen und die Gegenstände erraten.

Starthilfe

Was ist das? – Es ist oval und klein. Es ist weiß oder braun, aber manchmal ist es auch farbig oder sogar bunt. Ich mag es am liebsten hart. Andere mögen es lieber weich. **Ein Ei**

Gegensätzliche Eigenschaften kann man mit **Adjektivpaaren** ausdrücken: **groß – klein, lang – kurz**.

4 Vergleiche die Tiere. Trage passende Adjektive ein.
Verwende die Adjektive vom Rand und ihre Gegensätze.

Das Flusspferd ist *dick* . Die Schlange ist ____________________.

Der Elefant ist ____________________. Die Maus ist ____________________.

Die Schnecke ist ____________________. Der Gepard ist ____________________.

Der Tiger ist ____________________. Die Taube ist ____________________.

Der Schwanz der Katze ist ______________. Der Schwanz des Hasen ist ______________.

~~dick~~
gefährlich
langsam
lang
groß

Will man beschreiben, wie sich Personen, Tiere, Sachen … unterscheiden, kann man **gesteigerte Adjektive** verwenden:		
Grundform	**Komparativ** (1. Steigerungsform)	**Superlativ** (2. Steigerungsform)
(so) **groß** (wie)	**größer** (als)	am **größten**

5 Vergleiche jeweils drei Tiere mit gesteigerten Adjektiven.

groß: Pferde sind *größer* als Katzen, aber Elefanten sind ____________________.

schnell: Das Flusspferd ist ____________________ als der Elefant,

aber der Gepard ist ____________________.

6 Schreibe die Steigerungsformen zu den Adjektiven vom Rand auf.
Lege dazu in deinem Heft eine Tabelle an.

Starthilfe

Steigerungsformen der Adjektive		
Grundform	Komparativ (1. Steigerungsform)	Superlativ (2. Steigerungsform)
schön …	schöner …	am schönsten …

~~schön,~~ lang, breit, leicht, langsam, dünn, laut, leise, müde, interessant, klein, langweilig, dick, munter, schmal, kurz

7 Welche drei Adjektive wurden in den folgenden Sätzen gesteigert?
a. Schreibe jeweils das passende Adjektiv hinter die Sätze.
Tipp: Ergänze den Satz ganz unten, wenn dir ein Adjektiv fehlt.
b. Schreibe rechts für alle drei Adjektive beide Steigerungsformen auf.

Irina zeigt sich in Mathe von ihrer **besten** Seite. *gut* , ____________, ____________

Bei dem Sturz hatte ich **mehr** Glück als Verstand. ________, ____________, ____________

Sergej springt **höher** als der Sportlehrer. ________, ____________, ____________

Kinder essen lieber ____________ Eiskugeln als wenige Spinatblätter.

Nach den Bären sind Löwen und Sibirische Tiger die größten Landraubtiere der Erde. Aber sind sie auch die schnellsten?

Löwe:	Sibirischer Tiger:	Gepard:
Größe (Kopf-Rumpf-Länge): bis 250 cm	**Größe (Kopf-Rumpf-Länge):** bis 220 cm	**Größe (Kopf-Rumpf-Länge):** bis 150 cm
Schulterhöhe: 110 cm	**Schulterhöhe:** 110 cm	**Schulterhöhe:** 80 cm
Schwanzlänge: 105 cm	**Schwanzlänge:** 100 cm	**Schwanzlänge:** 70 cm
Geschwindigkeit: 55 km/h	**Geschwindigkeit:** 60 km/h	**Geschwindigkeit:** 110 km/h
Reviergröße: ca. 400 Quadratkilometer	**Reviergröße:** ca. 1 000 Quadratkilometer	**Reviergröße:** ca. 600 Quadratkilometer
Gewicht: Kater bis 250 kg (Katzen bis 150 kg)	**Gewicht:** Kater bis 300 kg (Katzen bis 160 kg)	**Gewicht:** 60 kg

8 **a.** Vergleiche die Angaben zu den drei Raubtieren. Verwende dazu Steigerungsformen von Adjektiven. Fange jeweils mit dem Tier an, das bei der Angabe die kleinste Zahl hat.
b. Markiere die Steigerungsformen der Adjektive.

Der Gepard ist groß, aber der Sibirische Tiger ist größer.
Doch am größten ist der Löwe. Der Gepard hat hohe Schultern.

Bearbeite die folgende Aufgabe in deinem Heft.

9 **a.** Beschreibe dein Lieblingstier, wie Maria in dem folgenden Beispiel. Verwende dabei möglichst viele verschiedene Adjektive.
b. Markiere alle Adjektive in deinem Text.

Der Eisbär

Mein Lieblingstier ist der Eisbär. Sein Fell ist weiß, sehr dicht und etwas ölig. Eisbären können über drei Meter groß sein. Sie sind zwischen 300 und 800 Kilo schwer. Der Eisbär hat einen langen Hals und einen flachen Kopf. Die Vorderbeine sind lang und kräftig.

Das kann ich! – Adjektive

Punkte

1 Markiere im folgenden Text elf Adjektive. /11 Punkte

In den Sommerferien wandern wir entweder in den hohen Bergen oder an der grünen Nordseeküste. So oder so wird es frische Luft geben. Wir verreisen mit alten Freunden und deren Kindern. Wir werden großen Spaß zusammen haben. Bei schlechtem Wetter machen wir immer lustige und spannende Spiele und essen leckere Sachen. Wenn der Hunger beim Wandern groß ist, schmecken auch einfache Butterbrote.

2 Welches Adjektiv drückt das Gegenteil aus? /6 Punkte
Ergänze die passenden Adjektive in den Sätzen.

Das Nilpferd ist ______________________, die Gazelle ist **dünn**.

Feuer ist **heiß**, Schnee ist ______________________.

Der Gepard ist **schnell**, der Igel ist ______________________.

Schokoladeneis ist ______________________, eine Zitrone ist **sauer**.

Watte ist **leicht**, Blei ist ______________________.

Ein Kreis ist ______________________, ein Quadrat ist **eckig**.

3 Ergänze die Steigerungsformen der Adjektive vom Rand. /4 Punkte

schnell, groß, hart, gut

Ein Roller ist ______________ als ein Skateboard, aber am ______________ ist ein Fahrrad.

Ein Hecht ist ______________ als ein Hering, aber am ______________ ist ein Wal.

Stahl ist ______________ als Gold, aber am ______________ ist ein Diamant.

Die Note Zwei ist ______________ als eine Drei, aber am ______________ ist eine Eins.

4 Ergänze passende Formen der Adjektive vom Rand. /11 Punkte

gelblich
schnell
schwarz
langsam
dicht
klein
groß (3 x)
lang
rundlich

Der Tiger ist eine ______________ Raubkatze. Sein Fell wächst ziemlich ______________. Es ist ______________ und hat ______________ Streifen. Diese ziehen sich über den ganzen Körper, vom ______________ Kopf bis hin zum ______________ Schwanz. Der Gepard ist ______________ als der Tiger, kann aber deutlich ______________ laufen. Der Löwe ist viel ______________ als der Gepard, läuft jedoch ebenfalls ______________ als dieser. ______ ______________ von allen Landraubtieren sind aber wohl die Bären.

Gesamtpunktzahl: /32 Punkte

Wortart: Präposition

Wörter wie **an**, **auf**, **unter**, **neben**, **in**, **hinter**, **vor**, **über**, **zwischen** sind **Präpositionen**. Mit ihrer Hilfe kann man z. B. ausdrücken, **wo** sich etwas befindet:
Wo ist das Heft? – In dem / Im Papierkorb.
Mit Präpositionen wie **in/ins**, **an/ans**, **auf/aufs** kann man auf die Frage **Wohin?** antworten:
Wohin stellt Aner das Lexikon? – In das / Ins Regal.

1 Wo sind Hose, Saftpackung, Schuhe und so weiter?
Ergänze die folgenden Sätze mit den Präpositionen vom Rand.

Leos Hose *hängt über der Stuhllehne.*

Die leere Saftpackung von Bastian ______

Mareks Schuhe ______

Davids Jacke ______

Hamets Schlafsack ______

Und der Papierkorb ______

~~über~~
unter
an
auf
neben
mitten im

2 **a.** Schreibe auf, **wohin** die Schüler die Dinge räumen.
Verwende die Präpositionen vom Rand.
b. Markiere die Präpositionen und die dazugehörigen Nomen mit Artikeln.

Leo legt seine Hose in den Schrank. Bastian ______

______

______

______

Und du stellst den Papierkorb ______

~~in~~
unter
an
auf
neben
in

3 **a.** Ergänze die Präpositionen in den folgenden Sätzen.
b. Schreibe rechts die Präpositionen und Artikel getrennt auf.
Tipp: Die Angaben am Rand helfen dir.

Ein Seehund schwimmt _im_ Becken. _im_ = ____ ____

Ein Eimer mit Fischen steht ______ Beckenrand. ______ = ______ ______

Ein Tierpfleger tritt ______ Becken. ______ = ______ ______

Ein Seehund springt ______ Wasser. ______ = ______ ______

im = in dem
ins = in das
am = an dem
ans = an das

Das kann ich! – Präpositionen

Punkte

1 Markiere die vier Präpositionen im folgenden Satz. ___ /4 Punkte

Der Tierpfleger am Beckenrand greift immer wieder vorsichtig in den Fischeimer neben sich und wirft die Fische nacheinander den Seehunden im Wasser zu.

2 Ergänze die richtigen Präpositionen aus den Klammern. ___ /5 Punkte

In Englisch sitze ich ____________ meiner Freundin. (auf, an, neben)

Wir treffen uns dann ____________ dem Fußballplatz. (auf, über, in)

Setz dich doch ____________ uns. (in, zwischen, bei)

Cem ist ____________ seinem Zimmer. (in, unter, zwischen)

Das Bordrestaurant ist weiter vorne ____________ Zug. (um, im, beim)

3 Ergänze in den folgenden Sätzen die Präpositionen vom Rand. Zweimal musst du dabei auch den Artikel ergänzen. ___ /4 Punkte

Schreib das bitte ____________ Tafel.

Der Ball geht ____________ Aus.

Seki ist noch oben ____________ Wohnung.

Seine Schwestern sitzen schon ____________ Auto.

in
an
im
ins

Gesamtpunktzahl: ___ /13 Punkte

Der Satz: Satzglieder

Satzglieder umstellen

Mit der **Umstellprobe** kannst du Satzglieder ermitteln.
Ein **Satzglied** kann aus einem Wort oder aus mehreren Wörtern bestehen.
Die Wörter eines Satzglieds kann man nur gemeinsam umstellen.
Die wichtigsten Satzglieder sind:

Subjekt	Prädikat	Objekt
Ben	kauft	ein neues Fahrrad.

Tipp: Auf den Seiten 84–87 erfährst du, wie man Subjekte, Prädikate und Objekte erkennt.

interessanten   die   einen   Klasse 5 a

Ausflug   plant   fleißige

1 **a.** Schreibe mit den Wörtern drei sinnvolle Sätze.
Verwende keine anderen Wörter.
b. Trenne die Satzglieder durch senkrechte Striche voneinander ab.
c. Kennzeichne die Subjekte, Prädikate und Objekte mit Rahmen.

1. Satz: Die fleißige Klasse 5 a | plant ______

2. Satz: ______

3. Satz: ______

Bearbeite die folgende Aufgabe in deinem Heft.

2 **a.** Bilde aus den folgenden Satzgliedern sinnvolle Aussagesätze.
b. Trenne die Satzglieder durch senkrechte Striche voneinander ab.
Achtung: In zwei Sätzen gibt es zwei verschiedene Objekte.
c. Stelle jeden Satz zweimal um.
d. Kennzeichne in allen Sätzen die Subjekte, Prädikate und Objekte mit Rahmen.

Starthilfe
Die Schulleiterin | besucht | die Klasse 5 a.
Besucht | die Schulleiterin ...
...

besucht   die Schulleiterin   Klasse 5 a   die

einen   macht   Klasse 5 c   die   Ausflug

beiden   Wanderung   die   eine   Klassen   planen

eine Wanderkarte   der Klasse   der Klassenlehrer   schenkt

Marc   einen Liebesbrief   gibt   der netten Mitschülerin

Wenn du ein Satzglied als besonders wichtig betonen möchtest, kannst du es an den Anfang des Satzes stellen.

3 Stelle die Sätze so um, dass das wichtige Satzglied am Anfang steht. Lies zu jedem Satz erst die Beschreibung am Rand.

in den Schrank | das Geschirr | nach dem Abwaschen | kommt

Nach dem Abwaschen ______________________________

____

Dem Leiter der Jugendherberge ist wichtig, dass das Geschirr erst **nach dem Abwaschen** in den Schrank geräumt wird.

die erste Pause | machten | wir | nach dem Aufstieg

____

____

Felix will betonen, dass sie erst **nach dem Aufstieg** (und nicht früher) die erste Pause auf der Wanderung gemacht haben.

die Jungen | in der Küche | heute | helfen

____

____

Der Lehrer betont, dass die Jungen **heute** (und nicht morgen) in der Küche helfen werden.

4 Schreibe zu den folgenden Beschreibungen selbst Sätze mit der passenden Betonung in dein Heft.

Die Sportlehrerin betont, dass im Geräteraum nur die Fußbälle (und nicht die Tornetze) liegen.

Der Hausmeister betont, dass nach der Feier nur die Musikanlage (und nicht die Lautsprecher) in den Abstellraum kommt.

5 Stelle den letzten Satz so um, dass er gut zum Text passt.
- Trenne zuerst die Satzglieder durch senkrechte Striche.
- Markiere das Satzglied, das du besonders betonen möchtest.
- Schreibe deinen umgestellten Satz auf die Linien unter dem Text.

Am Montag unternahm die Klasse 5 a eine Nachtwanderung. Auf dem Weg sahen die Schüler zwei helle Lichter. Alle bekamen einen großen Schreck. Einige Kinder zitterten am ganzen Körper. Die Jugendherberge erreichten sie zum Glück fünf Minuten später.

____

____

Z **6** Schreibe eine zum Text passende Überschrift auf.

____

Z Weiterführendes:
Mit der Ersatzprobe Texte verbessern

> Mit der **Ersatzprobe** kannst du Satzglieder ermitteln:
> Wörter oder Wortgruppen, die sich durch ein anderes Wort ersetzen lassen, bilden zusammen ein Satzglied.

Adrian und Jakob überarbeiten ihren Text über das Abenteuerland.

Das Abenteuerland ist ein besonderer Ort.	*Das Abenteuerland ist ein besonderer Ort.*
Das Abenteuerland liegt an einem See.	*Es liegt an einem See.*

1 Finde heraus, welches Satzglied bei der Überarbeitung ersetzt wurde.
- Trenne alle Satzglieder in den Sätzen durch Striche.
- Kennzeichne die Subjekte, Prädikate und Objekte durch Rahmen.
- Welches Satzglied wurde durch das neue Wort ersetzt? Kreuze an.

Subjekt ☐ Prädikat ☐ Objekt ☐

Durch das Ersetzen von Satzgliedern kann man Texte verbessern.

2 **a.** Markiere unten in der Fortsetzung Satzglieder, die sich wiederholen.
b. Ersetze die Wiederholungen durch andere Wörter.
Schreibe die verbesserten Sätze auf die Linien.
c. Markiere in deinen Sätzen die neu eingesetzten Wörter.

Der Spielplatz ist so groß wie sechs Fußballfelder.
Deshalb ist der Spielplatz sehr beliebt.

Deshalb ist das Abenteuerland sehr beliebt.

Es gibt auf dem Spielplatz ungefähr 50 große Spielgeräte.
Die Spielgeräte sind meist aus Holz.

____

Sehr beliebt ist das Piratenschiff. Wenn die kleinen Piraten vom Spielen müde sind, gibt es für die kleinen Piraten einen Kiosk, an dem sich die kleinen Piraten stärken können.

____

____

____

Auch Ritter kommen auf ihre Kosten. Die Ritter können eine große Ritterburg erkunden. Wenn die Ritter eine Pause brauchen, finden die Ritter überall auf dem Gelände schattige Plätzchen.

____

____

Das kann ich! – Satzglieder umstellen

1 Schreibe mit den folgenden Wörtern drei sinnvolle Sätze auf.

Nachtwanderung eine alle machen Schüler aufregende

1. Satz: ______

2. Satz: ______

3. Satz: ______

2 **a.** Trenne die Satzglieder aus Aufgabe 1 durch senkrechte Striche voneinander ab.
b. Kennzeichne die Subjekte, Prädikate und Objekte mit Rahmen.

3 Ergänze den Merksatz.

Mit der ______ kann man Satzglieder ermitteln.

4 Schreibe zu der folgenden Beschreibung selbst einen Satz mit der passenden Betonung.

Der Bademeister betont, dass jetzt **das Wettschwimmen** (und nicht das Wasserballspiel) beginnt.

______

5 **a.** Trenne die Satzglieder des folgenden Textes durch senkrechte Striche voneinander ab.
b. Markiere im letzten Satz das Wort, dass du betonen möchtest.
c. Schreibe den letzten Satz in der neuen Reihenfolge auf die Linie.

Peter und Jule spielten im Baumhaus. Es war schon dunkel.
Im Kerzenschein lasen sie spannende Gruselgeschichten.
Peter hörte plötzlich ein leises Geräusch.

______

6 Ersetze die Wiederholungen in den Klammern durch geeignete Wörter. Schreibe auf die Linien.

Als Fabian in ______ (Fabians) Fach schaute,

fand ______ (Fabian) eine Einladung von Silke,

mit der ______ (Silke) ______ (Fabian)

zu ______ (Silkes) Geburtstag eingeladen hatte.

Punkte
/6 Punkte
/3 Punkte
/3 Punkte
/2 Punkte
/2 Punkte
/4 Punkte
/2 Punkte
/3 Punkte
/5 Punkte

Gesamtpunktzahl: /30 Punkte

Subjekt, Prädikat, Objekt

Das Subjekt

Das **Subjekt** kann eine Person oder eine Sache sein.
Mit **Wer?** oder **Was?** fragt man nach dem Subjekt.
Es kann aus einem Wort oder mehreren Wörtern bestehen.

Wer spielt Flöte? **Lukas** spielt Flöte.

Was rollt? **Der blaue Ball** rollt.

Die neue Lehrerin geht durch die Schule und hört viele Geräusche.

Auf dem Flur pfeift die Heizung. Im Werkraum hämmert die Klasse 5 a. Die Klasse 5 b unterhält sich in Gruppen. Die Eingangstür knarrt und im Chemieraum quietscht das Fenster. Drei Schüler poltern auf der Treppe.

1 **a.** Frage mit **Wer?** oder **Was?** nach den Subjekten.
Schreibe die Fragen nach den Subjekten auf die Linien.
b. Kennzeichne die Subjekte im Text so: ☐

Was pfeift auf dem Flur? Wer

Z Weiterführendes: Personalpronomen als Subjekte

Personalpronomen kann man für Personen, Lebewesen oder Dinge einsetzen. Deshalb können Personalpronomen auch **Subjekte** sein.
Sie steht. **Er** geht. **Man** wartet. **Sie** tun etwas.

2 Kennzeichne im Text alle Subjekte mit Rahmen.

Natürlich erleichtert bequeme Kleidung das Wandern. Sie lässt genug Bewegungsfreiheit. Ein gesundes Picknick mit Brot, Äpfeln und Karotten ist auch wichtig. Es sorgt für Energie und Vitamine. Viel trinken sollten die Wanderer auch. Sie nehmen am besten Tee oder Mineralwasser mit.

3 **a.** Frage nach den Subjekten. Schreibe die Fragen in dein Heft.
b. Schreibe die Antwortsätze dazu.
c. Kennzeichne die Subjekte in den Antwortsätzen.

Starthilfe
Fragen nach dem Subjekt
Was erleichtert das Wandern?
Bequeme Kleidung erleichtert …
…

Das Prädikat

> Das **Prädikat** sagt etwas darüber aus, was jemand tut oder was geschieht.
> Mit **Was tut...?** fragt man nach dem Prädikat.
> **Was tut** Lukas? **Lukas** pfeift.

In einer Pause auf einem Rastplatz tun die Kinder, was sie möchten.

Tim, Lisa, Jan

Tobias

Michael

4 Was tun die Kinder auf dem Rastplatz?

a. Schreibe die Fragen nach dem Prädikat in die Klammern.

b. Ergänze in den folgenden Sätzen die Prädikate.

c. Kennzeichne die Prädikate mit Rahmen: ( )

Lisa springt über das Seil. (Was tut Lisa?)

Tim und Jan ______________ das Seil. (______________________________)

Tobias ______________ eine Limonade. (______________________________)

Michael ______________ mit einem Ball. (______________________________)

Z **5** Markiere im Text weitere Prädikate.

Während der Lehrer auf einer Bank sitzt, spricht er mit den Schülern. Er verteilt Äpfel, damit die Kinder Vitamine bekommen. Als Nina in ihren Apfel beißt, spritzt ihr der Saft ins Gesicht. Lacht sie darüber?

Z **Weiterführendes:** Mehrteilige Prädikate erkennen

> Ein weiterer Teil des **Prädikats** kann auch an anderer Stelle im Satz stehen, zum Beispiel, wenn das Verb „trennbar" ist.
> Ich **kaufe** Milch **ein**. (Infinitiv: einkaufen)

6 **a.** Kennzeichne beide Teile des Prädikats mit Rahmen.

b. Schreibe die Infinitive in dein Heft.

Starthilfe: aufbrechen, ...

Nach dem Spielen brechen die Kinder auf. „Wir sammeln erst noch den Müll ein", schlägt Michael vor. Alle heben ein paar Dinge auf. Danach erkennt man den Rastplatz kaum wieder. Jetzt geht die Gruppe weiter.

Die Objekte

Mit **Wen?** oder **Was?** fragt man nach dem **Akkusativobjekt**.
Wen grüßt Nina? Nina grüßt **den Nachbarn**.
Was bastelt Lukas? Lukas bastelt **einen Drachen**.

Beim Aufbruch vom Rastplatz merkt Michael, dass er viele Dinge verloren hat. Er überlegt, **was** er alles vermisst.

Erika, Rita und Maria wollen helfen und suchen Michaels Sachen. Er sucht vor allem seinen Schal. Auch die Mütze vermisst er. Dafür hat er gerade seine Wasserflasche entdeckt. Aber das Vogelbuch kann er nirgendwo entdecken. Erika findet eine Trillerpfeife. Maria hebt einen Kugelschreiber auf. Und Rita entdeckt sogar einen Geldbeutel. Aber wo sind Michaels Dinge?

7 **a.** Schreibe zu jedem Satz eine Frage mit **Wen?** oder **Was?** auf.
b. Umrahme im Text die Akkusativobjekte so: ☐

Was suchen Erika, Rita und Maria? ______

______

Mit **Wem?** fragt man nach dem **Dativobjekt**.
Wem leiht Ömet sein Rad? Er leiht das Rad **einem Freund**.

Wem bringt Melinda etwas vom Wandertag mit?
Bearbeite diese Aufgabe in deinem Heft.

ein Holzstück	einen Tannenzapfen	einen Stein	eine Blume
ihrem Vater	ihrer Schwester	ihrem Bruder	ihrer Mutter

8 **a.** Stelle **Wem**-Fragen zu den Dingen.
Verwende dabei die Verben geben, schenken und mitbringen.
b. Beantworte die Fragen mit passenden Dativobjekten und Akkusativobjekten.
c. Umrahme die Akkusativobjekte so: ☐
d. Markiere die Dativobjekte.

Starthilfe

Sätze mit Dativobjekten und Akkusativobjekten
Wem bringt Melinda ein Holzstück mit?
Melinda bringt ihrem Vater ein Holzstück mit.
Wem gibt ...
...

Das kann ich! – Subjekt, Prädikat, Objekt

Punkte

1 Ergänze die folgenden Merksätze. /5 Punkte

Mit ___________? oder ___________? fragt man nach dem Subjekt.

Mit **Was tut?** fragt man nach dem ___________________.

Mit **Wen?** oder ________? fragt man nach dem ___________________________.

Mit ___________? fragt man nach dem Dativobjekt.

2 a. Frage nach den **Subjekten**. Schreibe die Fragen auf. /4 Punkte
b. Kennzeichne die **Subjekte** mit Rahmen:

Die Kinder haben viel fotografiert. ______________________________

Ein Bild ist sehr lustig. ______________________________

3 Kennzeichne die **Subjekte** mit Rahmen: /2 Punkte

Dann haben die Kinder eine gute Idee. Sie kleben alle Fotos auf ein Plakat.

4 a. Frage nach den **Prädikaten**. /4 Punkte
b. Kennzeichne die **Prädikate** mit Rahmen:

Alle Kinder basteln. ______________________________

Anna ordnet die Fotos. ______________________________

5 Kennzeichne die mehrteiligen **Prädikate** mit Rahmen: /4 Punkte

Sie kleben die Fotos auf.

Dann hängen sie das Plakat auf.

6 a. Frage nach den **Akkusativobjekten**. /6 Punkte
b. Kennzeichne die **Akkusativobjekte** mit Rahmen:
c. Frage beim zweiten Satz auch nach dem **Dativobjekt**.
d. Markiere das **Dativobjekt** in dem Satz.

Die Schüler bewundern ihr Werk. ______________________________

Der Lehrer gibt den Kindern nur eine kleine Hausaufgabe auf.

____

Dativobjekt: ______________________________

7 a. Kennzeichne zwei **Akkusativobjekte** mit Rahmen: /3 Punkte
b. Markiere ein **Dativobjekt**.

Zeigen die Schüler das Plakat auch dem Direktor?

In der nächsten Deutschstunde schreiben sie ihre Erlebnisse auf.

Gesamtpunktzahl: /29 Punkte

Der Kompetenztest

Punkte

Das kann ich! – Texte lesen und verstehen

Der Biber

Der Biber ist das größte Nagetier Europas. Er wird bis zu 1,35 Meter lang und über 30 Kilogramm schwer. Das sehr dichte Fell ist hellbraun bis schwarz. Der Biber hat einen flachen Schwanz, die so genannte „Kelle“, kleine Ohren und kleine Augen. Die Nagezähne des Tiers sind stark genug, um damit Bäume zu fällen.

Biber sind reine Pflanzenfresser und ernähren sich von Baumtrieben, Baumrinde, Wasser- und Uferpflanzen. Weil sie keine Winterschläfer, sondern Winterruher sind, brauchen sie auch im Winter Nahrung. Daher legen sie im Wasser Vorräte von Ästen an.

Der Nager ist sehr gut an das Leben im Wasser angepasst. An den Hinterfüßen hat er Schwimmhäute. Außerdem kann er beim Tauchen bis zu 20 Minuten unter Wasser bleiben. Auch die Biberburg, der Bau des Bibers, liegt am Wasser. Der Eingang liegt immer unter Wasser und ein Gang führt zu dem Wohnkessel über der Wasserlinie.

Nur selten entfernt sich der Biber weiter vom Wasser als 20 Meter. Männchen und Weibchen unterscheiden sich kaum. Sie leben als Paar ständig zusammen und werden etwa zehn Jahre alt. Einmal im Jahr werden zwei bis drei Junge geboren. Sie suchen sich nach zwei Jahren ein eigenes Revier. Das Revier umfasst eine Flusslänge von etwa drei Kilometern und wird gegen andere Biber verteidigt. Bisswunden aus Revierkämpfen infizieren sich leicht im Wasser und sind dadurch meist tödlich.

1 a. Lies den Text und die Fragen der Aufgaben 2 bis 6 genau.
b. Kreuze bei den Aufgaben 2 bis 6 die **eine** richtige Antwort an.

2 Welche Aussage über den Biber ist richtig? /2 Punkte

- ☐ a) Der Biber ist das drittgrößte Nagetier Europas.
- ☐ b) Biber fressen ganze Bäume.
- ☐ c) Der Biber ist sehr gut an das Leben im Wasser angepasst.
- ☐ d) Biber können bis zu fünf Minuten tauchen.

3 Wie groß ist das Revier des Bibers? /2 Punkte

- ☐ a) Das Revier des Bibers umfasst eine Flusslänge von etwa 20 m.
- ☐ b) Das Revier des Bibers umfasst eine Flusslänge von etwa 135 m.
- ☐ c) Das Revier des Bibers umfasst eine Flusslänge von etwa 3 km.
- ☐ d) Das Revier des Bibers umfasst eine Flusslänge von etwa 150 m.

4 Was versteht man unter einer „Biberburg“? /2 Punkte

- ☐ a) Die Biberburg ist der Bau des Bibers.
- ☐ b) Das Revier des Bibers nennt man Biberburg.
- ☐ c) Die Biberburg ist der Staudamm des Biberreviers.
- ☐ d) Biberburg heißt das Ufer, an dem der Biber lebt.

5 Warum kann der Biber gut schwimmen?

- ☐ a) Der Biber ist 1,35 Meter lang.
- ☐ b) Der Biber hat eine glatte Haut ohne Haare.
- ☐ c) An den Hinterfüßen befinden sich Schwimmhäute.
- ☐ d) Früher hielten die Menschen den Biber für einen Fisch.

/2 Punkte

6 Was kann der Biber mit seinen Nagezähnen tun?

- ☐ a) Mit seinen Nagezähnen kann der Biber Fische fangen.
- ☐ b) Mit seinen Nagezähnen kann der Biber klettern.
- ☐ c) Mit seinen Nagezähnen kann der Biber Baumstämme fällen.
- ☐ d) Mit seinen Nagezähnen kann der Biber Steine bearbeiten.

/2 Punkte

7 **a.** Nummeriere die weiteren drei Absätze am Rand des Textes. /3 Punkte

b. Schreibe zu jedem Absatz eine passende Überschrift in die Tabelle. /8 Punkte
Verwende dazu die Wortgruppen vom Rand.
Tipp: Zwei Überschriften musst du noch richtig zusammensetzen.

Absatz	Überschrift
1	
2	
3	
4	

8 Welche Informationen aus dem Text werden durch die Fotos unterstützt? /3 Punkte
Kreuze nur Aussagen an, die du auf den Fotos deutlich erkennen kannst.

- ☐ a) Der Biber ist 1,35 Meter lang.
- ☐ b) Das sehr dichte Fell ist hellbraun bis schwarz.
- ☐ c) An den Hinterfüßen befinden sich Schwimmhäute.
- ☐ d) Das Revier des Bibers umfasst eine Flusslänge von etwa 3 km.
- ☐ e) Am Wasser liegt auch der Bau des Bibers, die Biberburg.
- ☐ f) Einmal im Jahr werden zwei bis drei Junge geboren.
- ☐ g) Mit seinen Nagezähnen kann der Biber Baumstämme fällen.
- ☐ h) Sie können beim Tauchen bis zu 20 Minuten unter Wasser bleiben.

9 Ergänze zu der folgenden Aussage eine Begründung aus dem Text. /3 Punkte
Beachte dabei die Rechtschreibung und die Zeichensetzung.

Die Bisswunden aus den Revierkämpfen sind meist tödlich,

weil ____.

10 Was bedeutet das folgende Wort? Schreibe den Satz zu Ende. /3 Punkte

Die Kelle ist ____.

Texte lesen und verstehen – Gesamtpunktzahl: /30 Punkte

Das kann ich! – Rechtschreiben

Punkte

1 Finde im Text die Wörter mit den Doppelkonsonanten und schreibe sie richtig auf die passenden Linien. /7 Punkte

Die Schülerinnen treffen sich nachmittags im Freibad. Sie sind nicht dumm und schnappen sich einen schönen Platz auf der Wiese am Wasser. Dort rollen sie ihre Handtücher aus und quatschen.

ff ____________ ll ____________

mm ____________ nn ____________

pp ____________ ss ____________

tt ____________ ____________

2 Schreibe auf, welche fünf Buchstaben jeweils vor den Doppelkonsonanten stehen. ____, ____, ____, ____, ____ /1 Punkt

3 Entscheide! Kreuze die richtige Aussage an. /1 Punkt

- [ ] Der Vokal vor dem Doppelkonsonanten wird betont und kurz gesprochen.
- [ ] Der Vokal vor dem Doppelkonsonanten wird betont und lang gesprochen.

4 Ergänze die Pluralform zu den folgenden Nomen. /4 Punkte

der Fuß – die ____________ der Spaß – die ____________

der Gruß – die ____________ der Strauß – die ____________

5 Entscheide! Kreuze die richtige Aussage an. /1 Punkt

- [ ] Vor dem ß steht immer ein langer Vokal.
- [ ] Vor dem ß steht immer ein kurzer Vokal.

6 **d** oder **t**, **b** oder **p**, **ig** oder **lich**? /6 Punkte
Ergänze die Endungen der Adjektive.
Trage dazu die Adjektive zuerst rechts in die Beispiele ein.

bun___ – der ____________ Ball freund___ – der ____________ Polizist

lie___ – das ____________ Kind gefähr___ – die ____________ Kreuzung

lust___ – das ____________ Spiel schwier___ – der ____________ Test

7 Setze die richtigen Satzschlusszeichen. /3 Punkte

Seid endlich mal ruhig ☐ Gleich beginnt die große Pause ☐

Wo sind denn Kevin und Birte geblieben ☐

8 Setze die Zeichen der wörtlichen Rede. /7 Punkte

Der gestresste Lehrer sagt ☐ ☐ Setzt euch bitte hin ☐ ☐

☐ Wir sitzen doch ☐ ☐ antwortet Miriam.

Rechtschreiben – Gesamtpunktzahl: /30 Punkte

Das kann ich! – Grammatik

Punkte

1 Setze die Verben vom Rand in die Lücken ein.
Verwende das Präteritum. ___ /4 Punkte

A Während unseres Spaziergangs *sahen* wir viele Tiere.

B Auf einer großen Wiese ______________ Rehe.

C Ein Eichhörnchen ______________ auf einen Baum.

D Ein kleiner Biber ______________ im Wasser zur Burg der Eltern.

E In der Pause ______________ ich einen leckeren Schokoriegel.

~~sehen~~
klettern
naschen
schwimmen
stehen

2 **a.** Unterstreiche in den Sätzen A, B und C aus Aufgabe 1 alle Nomen. ___ /6 Punkte
b. Schreibe die Nomen im Singular (Einzahl) und im Plural (Mehrzahl) in die Tabelle. Verwende die richtigen Artikel.
c. Kreuze an, welches Geschlecht (Genus) die Nomen haben.

Singular (Einzahl)	Plural (Mehrzahl)	Maskulinum (männlich)	Femininum (weiblich)	Neutrum (sächlich)
der Spaziergang	*die*	☐	☐	☐
		☐	☐	☐
		☐	☐	☐
		☐	☐	☐
		☐	☐	☐
		☐	☐	☐

3 **a.** Markiere in den Sätzen A bis E aus Aufgabe 1 die Adjektive. ___ /3 Punkte
b. Trage die Grundform der Adjektive in die linke Spalte der Tabelle ein.
c. Ergänze in den weiteren Spalten die beiden Steigerungsformen.

Grundform (Positiv)	1. Steigerungsform (Komparativ)	2. Steigerungsform (Superlativ)
viel	*mehr*	*am meisten*

4 Wie alt ist der kleine Biber aus Satz D höchstens? ___ /1 Punkt
Tipp: Der Text auf Seite 88 hilft dir.

Der kleine Biber ist höchstens ________ ____________ alt.

Gesamtpunktzahl dieser Seite: ___ /14 Punkte

Punkte

5 **a.** Schreibe mit den Wörtern in den Kästen drei sinnvolle Aussagesätze. /3 Punkte

b. Trenne die Satzglieder durch Striche voneinander ab.

Tipp: Es gibt vier Satzglieder.

Ball	dir	den	neuen	ich	gebe

___

___

___

6 Wie heißt die Probe, mit der du Satzglieder ermitteln kannst? /1 Punkt

Mit der ______________ kannst du Satzglieder ermitteln.

7 Finde in den folgenden Sätzen die **Subjekte**, **Prädikate**, **Akkusativobjekte** und **Dativobjekte**.

- Trenne zuerst die Satzglieder durch Striche voneinander ab. /4 Punkte
- Schreibe dann die richtigen Bezeichnungen unter die Satzglieder. Verwende die Abkürzungen vom Rand, wenn der Platz nicht reicht. /4 Punkte

Die Klasse 5 a | plant | eine Lesenacht.

Subjekt P Akkusativobjekt

Jedes Kind liest ein Buch.

___

Die Eltern geben den Kindern die Schlafsäcke.

___

Eine Mutter schenkt dem Lehrer Beruhigungstee.

___

S = Subjekt
P = Prädikat
A-O = Akkusativobjekt
D-O = Dativobjekt

8 Mit welchen Fragewörtern kann man die Satzglieder jeweils bestimmen? Schreibe zu jedem Satzglied die richtigen Fragewörter auf. /4 Punkte

Subjekt ______________

Prädikat ______________

Akkusativobjekt ______________

Dativobjekt ______________

Gesamtpunktzahl dieser Seite: /16 Punkte

Gesamtpunktzahl vorheriger Seite: /14 Punkte

Grammatik – Gesamtpunktzahl: /30 Punkte

Das kann ich! – Texte überarbeiten

____

Biber sind Nagetiere. Sie sind Fleischfresser.

____________________.

Sie haben ein dichtes Fell und einen runden Schwanz.

____________________.

Sie werden bis zu 135 Meter lang. Sie leben in einer Höhle,

____________________.

der Biberburg. Sie bauen den Eingang über Wasser.

____________________.

Im Winter schlafen sie. Einmal im Jahr bekommen sie Nachwuchs.

____________________.

1 In den Text haben sich fünf sachliche Fehler eingeschlichen.
a. Vergleiche jede Aussage mit dem Text auf Seite 88.
b. Finde die fünf falschen Angaben und streiche diese Wörter durch.
c. Schreibe die richtigen Angaben darunter auf die Linien.

/5 Punkte

2 Im Text wird das Personalpronomen „sie" sehr oft wiederholt.
Ersetze das Personalpronomen „sie" sechsmal.
Du kannst die Wörter vom Rand verwenden.
Schreibe auf die Linien.

die Nager, die Nagetiere, die Wasserbewohner, die Holzfäller, die Biber, die guten Schwimmer, die fleißigen Baumeister

/5 Punkte

3 Die Fortsetzung des Textes enthält ein paar Fehler.
a. Finde vier Rechtschreibfehler. Streiche die betreffenden Wörter durch.
Schreibe sie richtig auf die Linien am Rand.
b. Finde die zwei Zeichensetzungsfehler.
Ergänze die fehlenden Satzzeichen.

/7 Punkte

Die Nagger sind sehr gut an das Leben im Wasser angepasst. ____________

Das Fell wird regelmäßig eingefettet damit kein Wasser eindringt ____________

An den Hinterfüssen befinden sich Schwimmheute. ____________

Die Biber können bis zu 20 Minuten unter Waser bleiben. ____________

4 Der Text hat noch keine Überschrift.
Wähle eine passende Überschrift vom Rand.
Schreibe sie ganz oben auf die Linie.

Gefährliche Tiere
Der Winterschläfer
Der Biber
Der Burgenbauer

/2 Punkte

5 Schreibe den überarbeiteten Text in dein Heft.
Kontrolliere die Rechtschreibung und die Zeichensetzung.

/10 Punkte

Texte überarbeiten – Gesamtpunktzahl: /30 Punkte

Kompetenztest – Gesamtpunktzahl: /120 Punkte

Wissenswertes auf einen Blick

Rechtschreiben

Das Gliedern, das Verlängern, das Ableiten

Beim **Gliedern** zerlegst du mehrsilbige Wörter in Sprechsilben.
Beispiel: Regenwolke

d oder **t**, **g** oder **k** am Ende eines Wortes? Das **Verlängern** bringt die Entscheidung.
der Abend – die langen Abende das Getränk – die kalten Getränke
↓ d/t? ↓ d! ↓ g/k? ↓ k!

ä und **e** klingen in vielen Wörtern ähnlich.
Leite ab: Finde ein verwandtes Wort mit **a** und du weißt, dass du **ä** schreiben musst.
die Wärme kommt von warm – also ä
↓ ? ↓ a! ⟶ ä

Übungen S. 36–39

Wortbildung

Mit den Vorsilben **ver-**, **be-** und **ent-** werden viele neue Verben gebildet.
ver- + kaufen = verkaufen be- + fahren = befahren ent- + nehmen = entnehmen

Beim Zusammensetzen von Nomen muss manchmal ein **s** oder ein **n** eingefügt werden.
die Entdeckung + **s** + die Reise = die Entdeckung**s**reise
die Klasse + **n** + das Buch = das Klasse**n**buch

Übungen S. 40–41

Großschreibung

Aus **Verben** können **Nomen** werden. Der Artikel **das** und die Wörter **zum** und **beim** machen's!
schreiben ⟶ das Schreiben / zum Schreiben / beim Schreiben

Achtung! Zwischen **das**, **zum** und **beim** und dem Nomen kann ein Adjektiv stehen.
Das Adjektiv wird kleingeschrieben.
das Hören ⟶ das gute Hören

Aus **Verben** und **Adjektiven** können **Nomen** werden. Die Endungen **-ung**, **-keit** und **-heit** machen's!
send(en) ⟶ die Sendung häufig ⟶ die Häufigkeit neu ⟶ die Neuheit

Aus **Adjektiven** können **Nomen** werden. Die Wörter **etwas** und **nichts** machen's!
gut ⟶ etwas Gutes gut ⟶ nichts Gutes

Übungen S. 42–43

Wörter mit ie und langem i

Die meisten Wörter mit einem **lang gesprochenen i** werden im Deutschen mit **ie** geschrieben.
Nur in wenigen Wörtern folgt nach dem **lang gesprochenen i** kein **e**. Diese Wörter musst du dir merken.
Zum Beispiel: der **I**gel, die Masch**i**ne, das K**i**lo

Übungen S. 44–47

Wörter mit Doppelkonsonanten

Vor dem Doppelkonsonanten steht immer ein **Vokal** (Selbstlaut): **a e i o u**.
Dieser Vokal wird **kurz** gesprochen.

Übungen S. 48–51

Wörter mit ß und ss

Nur wenige Wörter werden im Deutschen immer mit **ß** geschrieben, egal in welcher Form sie im Satz vorkommen:
die Stra**ß**e – die Stra**ß**en hei**ß**en – er hei**ß**t gro**ß** – grö**ß**er
Der Vokal vor dem **ß** wird **lang** gesprochen.

Diese Nomen werden am Ende immer mit **ss** geschrieben:
der Flu**ss**, das Schlo**ss**, das Fa**ss**, der Ku**ss**, der Pa**ss**, der Schu**ss**, der Imbi**ss**, die Nu**ss**.
Der Vokal vor dem **ss** wird **kurz** gesprochen.

Achtung: Bei den Verben essen, lassen, wissen und vergessen gibt es einen **Wechsel** von **ss** zu **ß**!

Übungen S. 52–55

Zeichensetzung

Satzschlusszeichen

Nach einem **Aussagesatz** steht ein **Punkt**: Ich gehe ins Freibad.
Nach einem **Fragesatz** steht ein **Fragezeichen**: Kommst du mit?
Nach einem **Ausrufesatz** steht ein **Ausrufezeichen**: Das ist doch klar!

Übungen S. 58

Wörtliche Rede

Eine **wörtliche Rede** steht immer in **Anführungszeichen** („…“).
Vor der wörtlichen Rede steht **unten** ein Anführungszeichen.
Nach der wörtlichen Rede steht **oben** ein Anführungszeichen.
„Ich möchte heute ins Freibad gehen.“
wörtliche Rede

Nach dem **Begleitsatz** steht ein Doppelpunkt.
Jan sagte: „Ich gehe ins Freibad.“
Begleitsatz — wörtliche Rede

Manchmal steht der Begleitsatz **hinter** der wörtlichen Rede.
Dann steht zwischen wörtlicher Rede und Begleitsatz ein **Komma**.
„Ich gehe ins Freibad“, sagte Jan.
wörtliche Rede — Begleitsatz

Übungen S. 58

Komma

Die Wörter einer **Aufzählung** trennt man durch Kommas voneinander.
Ausnahme: Kein Komma vor **und**:
Jan, Fred **und** Ingo gehen ins Freibad.

Übungen S. 59

Eine **Anrede** und ein **Ausruf** werden vom Satz durch **Komma** abgetrennt.
Liebe Badegäste, das Springen vom Beckenrand ist verboten. (Anrede)
Hilfe, ich ertrinke! (Ausruf)

Übungen S. 58

Nach Verben des Sagens, Denkens und Meinens folgen oft **dass**-Sätze.
Der **dass**-Satz wird durch **Komma** vom Hauptsatz abgetrennt.
Ich glaube**, dass** ich gewinne.

Übungen S. 56–57

Beginnt ein Satz mit **als**, **weil** oder **wenn**, folgt häufig etwas später ein Komma.
Das **Komma** steht **zwischen zwei Verben**.
Als ich dich sah, freute ich mich sehr. Wenn ich schnell trinke, verschlucke ich mich.

Übungen S. 60

Grammatik

Nomen

Nomen bezeichnen Lebewesen (Menschen, Tiere, Pflanzen), Gegenstände und gedachte oder vorgestellte Dinge. **Nomen schreibt man** im Deutschen immer **groß**.

Vor einem **Nomen** steht oft ein **bestimmter Artikel** (der, das, die) oder ein **unbestimmter Artikel** (ein, ein, eine).

Übungen S. 62–65

Verben

Handlungen und Vorgänge drückt man mit **Verben** aus:
sagen, gehen, fahren, erleben, schlafen, müssen.
Diese **Grundform** des Verbs nennt man **Infinitiv**. Er hat die Endung **-en** oder **-n**.

Übungen S. 56, 73

Verben im Präsens

Verben im **Präsens** verwendet man, um auszudrücken,
- was man **regelmäßig** tut: Sie spielt jeden Tag mit ihrer Katze.
  oder
- was man **jetzt** tut: Sie spielt jetzt gerade mit ihrer Katze.

Übungen S. 67, 73

Bei vielen Verben bleibt im Präsens der **Verbstamm** gleich.
Es verändern sich nur die **Endungen**. Sie richten sich nach der Person.

Übungen S. 68, 73

Zusammengesetzte Verben stehen meist im Satz auseinander.
Infinitiv: einkaufen – im Satz: Er kauft Futter ein.

Übungen S. 69, 73

Verben im Präteritum

Wenn man schriftlich über etwas berichtet oder erzählt, was schon vergangen ist, verwendet man das **Präteritum**. Viele Verben bilden das Präteritum mit den folgenden Endungen:
Ich lern**te**, du lern**test**, er/sie/es lern**te**, wir lern**ten**, ihr lern**tet**, sie lern**ten**.

Bei einigen Verben ändert sich im **Präteritum** der Verbstamm:
finden: Sie **fand**en die Knollen in der Erde.
Manche Verben haben in der 1. und 3. Person Singular keine Endung:
ich **fand**, er/sie/es **fand** aber: du **fand**est, wir **fand**en, ihr **fand**et, sie **fand**en.

Übungen S. 70–73

Adjektive

Mit **Adjektiven** kann man Personen, Tiere oder Gegenstände genauer beschreiben:
eine **nette** Lehrerin, ein **großer** Hund, ein **langes** Kleid.

Gegensätzliche Eigenschaften kann man mit **Adjektivpaaren** ausdrücken: groß – klein, lang – kurz.

Will man beschreiben, wie sich Personen, Tiere, ... unterscheiden, kann man **gesteigerte Adjektive** verwenden:
(so) groß (wie) – größer (als) – am größten.

Übungen S. 74–77

Präpositionen

Wörter wie **an**, **auf**, **unter**, **neben**, **in**, **hinter**, **vor**, **über**, **zwischen** sind Präpositionen.
Mit ihrer Hilfe kann man z. B. ausdrücken, **wo** sich etwas befindet:
Wo ist das Heft? – **In dem / Im** Papierkorb.
Mit Präpositionen wie **in/ins**, **an/ans**, **auf/aufs** kann man auf die Frage **Wohin?** antworten:
Wohin stellt Aner das Lexikon? – **In das / Ins** Regal.

Übungen S. 78–79

Satzglieder

Mit der **Umstellprobe** und der **Ersatzprobe** kannst du Satzglieder ermitteln.
Ein **Satzglied** kann aus einem Wort oder aus mehreren Wörtern bestehen.
Die Wörter eines Satzglieds kann man nur gemeinsam umstellen oder ersetzen.
Die wichtigsten Satzglieder sind:

Subjekt	Prädikat	Objekt
Ben	kauft	ein neues Fahrrad.

Übungen S. 80–83

Subjekt

Das **Subjekt** kann eine Person oder eine Sache sein. Mit **Wer?** oder **Was?** fragt man nach dem Subjekt.
Es kann aus einem Wort oder mehreren Wörtern bestehen. Personalpronomen können auch **Subjekte** sein.
Wer spielt Flöte? **Lukas** spielt Flöte. **Was** rollt? **Der blaue Ball** rollt. **Er** geht.

Übungen S. 84

Prädikat

Das **Prädikat** sagt etwas darüber aus, was jemand tut oder was geschieht.
Mit **Was tut?** fragt man nach dem Prädikat. Es kann auch aus mehreren Teilen bestehen.
Was tut Lukas? Lukas **pfeift**. Lukas **kauft** Milch **ein**.

Übungen S. 85

Objekte

Mit **Wen?** oder **Was?** fragt man nach dem **Akkusativobjekt**.
Wen grüßt Nina? Nina grüßt **den Nachbarn**. **Was** bastelt Lukas? Lukas bastelt **einen Drachen**.
Mit **Wem?** fragt man nach dem **Dativobjekt**.
Wem leiht Ömet sein Rad? Er leiht das Rad **einem Freund**.

Übungen S. 86

Mehr **Wissenswertes auf einen Blick** findest du vorne im Heft und in den Klappen.
Öffne die Klappen, um mit dem **Textknacker** oder dem **Erzählplan** zu arbeiten.